Journey to the West

中国名著简读系列
Abridged Chinese Classic Series

[明]吴承恩　原著
辛　平　主编
李梓萌　马　娴　改编

First Edition 2017
Fifth Printing 2024

ISBN 978-7-5138-1320-4
Copyright 2017 by Sinolingua Co., Ltd
Published by Sinolingua Co., Ltd
24 Baiwanzhuang Street, Beijing 100037, China
Tel: (86) 10-68320585 68997826
Fax: (86) 10-68997826 68326333
https://www.sinolingua.com.cn
E-mail: hyjx@sinolingua.com.cn
Printed by Beijing Hucais Culture Communication Co. Ltd

Printed in the People's Republic of China

目录 Contents

VII   Qiányán
前言

1   Yī、Měihóuwáng chūshēng
一、美猴王出生

7   Èr、xué běnlǐng
二、学本领

15   Sān、jiè bǎobèi，chuǎng lónggōng
三、借宝贝，闯龙宫

25   Sì、dà nào tiāngōng
四、大闹天宫

35   Wǔ、bèi kùn Wǔxíng Shān
五、被困五行山

45   Liù、Tángsēng shōu túdi
六、唐僧收徒弟

55   Qī、shōufú Báilóngmǎ
七、收服白龙马

61   Bā、bǐ bǎobèi，diū jiāshā
八、比宝贝，丢袈裟

67   Jiǔ、zhì dòu Hēifēngguài
九、智斗黑风怪

73   Shí、shōufú Zhū Bājiè
十、收服猪八戒

79   Shíyī、chǎnchú Huángfēngguài
十一、铲除黄风怪

85	十二、Shí'èr, shōufú Shā Héshang 收服 沙 和 尚
89	十三、Shísān, Zhū Bājiè qǔ xífu 猪 八 戒 娶 媳 妇
95	十四、Shísì, tōuchī rénshēnguǒ 偷吃 人 参 果
105	十五、Shíwǔ, Sān dǎ Báigǔjīng 三 打 白骨 精
113	十六、Shíliù, zhì dòu Huángpáoguài 智 斗 黄 袍 怪
121	十七、Shíqī, Liánhuā Dòng yùxiǎn 莲 花 洞 遇险
129	十八、Shíbā, zhì dòu Yínjiǎo Dàiwang 智 斗 银角 大 王
135	十九、Shíjiǔ, shōufú Hónghái'ér 收服 红孩儿
143	二十、Èrshí, Hēishuǐ Hé yùxiǎn 黑水 河 遇险
151	二十一、Èrshíyī, xìnòng sān yāoguai 戏弄 三 妖怪
157	二十二、Èrshí'èr, Chēchí Guó bǐ běnlǐng 车迟 国 比 本领
167	二十三、Èrshísān, Chénjiā Zhuāng jiù háizi 陈家 庄 救 孩子
173	二十四、Èrshísì, dàzhàn Jīnyújīng 大战 金鱼精
177	二十五、Èrshíwǔ, Nǚ'ér Guó qíyù 女儿 国 奇遇

185 二十六、苦斗蝎子精 Èrshíliù, kǔ dòu Xiēzijīng

191 二十七、三借芭蕉扇 Èrshíqī, sān jiè bājiāoshàn

199 二十八、误闯盘丝洞 Èrshíbā, wù chuǎng Pánsī Dòng

205 二十九、黄花观遇危险 Èrshíjiǔ, Huánghuā Guàn yù wēixiǎn

211 三十、比丘国抓妖怪 Sānshí, Bǐqiū Guó zhuā yāoguai

219 三十一、抓老鼠精 Sānshíyī, zhuā Lǎoshujīng

225 三十二、灭法国收徒弟 Sānshí'èr, Mièfǎ Guó shōu túdi

231 三十三、玉华国丢兵器 Sānshísān, Yùhuá Guó diū bīngqì

237 三十四、收服九头狮子精 Sānshísì, shōufú Jiǔtóu Shīzijīng

243 三十五、收服犀牛精 Sānshíwǔ, shōufú Xīniújīng

251 三十六、玉兔招亲 Sānshíliù, Yùtù zhāoqīn

259 三十七、西天取佛经 Sānshíqī, xītiān qǔ fójīng

前　言

《西游记》是中国明代小说家吴承恩撰写的文学经典，是中国四大名著之一。全书共一百回，八十余万字，主要讲述了孙悟空、猪八戒、沙和尚三人保护唐僧西行求取佛经，历经九九八十一难，终于到达西天见到如来佛祖，取得真经的故事。

本书是《西游记》的中文简读本，一共有37个故事，每个故事的字数控制在1500字以下，语言难度控制在HSK五级2500词以内，以便能让各国汉语学习者用有限的词汇阅读《西游记》的经典故事，提高汉语阅读能力。每个故事由下列部分组成：

1. 故事正文：每篇故事参照新汉语水平考试（HSK）词汇表（2012年修订版）5级2500词进行缩写，对超出新HSK 2500词以外的生词均采用英文注释，并给出例句。生词分成两类，一类是"部分超纲生词"，即虽然这类生词不在新HSK 2500词词表中，但这类生词中的语素和新 HSK 2500 词词表中某些词的语素相同，如新 HSK 2500 词词表中有"跳舞"，没有"跳"，有"救"，没有"救火"，有"皮鞋"，没有"鞋"；另一类生词是"纯超纲生词"，即这类生词的语素与新 HSK 2500 词词表中任何词的语素都不相同。本书每页出现的生词都会标注数字序号，其中"跳""救火""鞋"这类"部分超纲生词"的数字序号用实心圈标注，如"❶ 跳"，"纯超纲生词"的数字序号用空心圈标注，如"① 妖怪"，以此进行区分。为增加读者的词汇量，书中有英文注释的生词尽可能地在故事中反复出现。为方便读者查阅词典，故事正文配有拼音，方便读者认读。

2. 词语注释：每个故事后面附有文化词语的中文解释与英文翻译，其目的是结合故事语境对一些富有文化内涵的词语做具体的解释，使读者能够深入理解故事和词语的文化语境。

3. 思考题：每个故事后面设计了 2～3 个思考题，帮助读者对故事的主要内容进行思考，或者在课堂上进行讨论。

本书适合汉语水平达到 HSK 5 级的汉语学习者使用，可作为课堂的汉语阅读教材，也可作为课外的汉语泛读材料。

一、美猴王[1]出生

故事正文 Story

这是一个神话故事。传说在很久以前，有一个叫东胜神洲[2]的地方，那里❶有一座山❷，山的名字是花果山[3]。山上有一块巨大的石头。有一天，从大石头里跳❸出来一只猴子。这只猴子虽然是石头的，但是它能跑❹、能跳。它的眼睛很亮，看起来很精神。石猴每天都和山里的猴子玩儿，生活得很开心。有一天，天气特别热，猴子们都跑到一条小河❺里玩儿。它们在河里走了很远，想看看河水是从哪儿来的。它们走到河水的尽头①，看到有瀑布②从山上流❻下来，瀑布后面有一个山洞③。猴子们很好奇，特别想知道山洞里是什么，可是水很大，它们都有点儿④害怕。于是，猴子们就商量，谁要是

① 尽头 n. end
e.g. 大海真大，看起来好像没有尽头似的。
② 瀑布 n. waterfall
e.g. 尼亚加拉瀑布 (Niagara Falls) 是世界上最大的瀑布。
③ 山洞 n. cave
e.g. 我从来都不敢进山洞，因为我害怕山洞里有老虎。
④ 有点儿 adv. a bit
e.g. 我们去吃饭吧，我有点儿饿了。

❶ 那里 pron. there; that place
e.g. 那里有一家商店，我们去看看吧。
❷ 山 n. mountain, hill
e.g. 那座山很高。
❸ 跳 v. jump
e.g. 他跳得很高。
❹ 跑 v. run
e.g. 他跑得很快。
❺ 小河 n. river, stream
e.g. 我们都喝这条小河里的水。
❻ 流 v. flow
e.g. 这条小河从西边流向东边。

西游记 Journey to the West

敢走到山洞里看看，就让谁当猴王。那只石猴听了马上就说："我进去看看！"

石猴跳过瀑布，走进山洞。这个山洞就像一个大房间，里面❶的东西都是石头做的，有石椅、石床、石盆、石碗等，房间中还有一个大石头，上面刻着：花果山福地，水帘洞洞天[4]。石猴想，这个地方可能叫"水帘洞[5]"。于是它跳出去，对其他猴子说："山洞好像房间一样，如果住在里面，无论外面刮风还是下雨，我们都不用害怕了。我们搬到山洞里吧！"猴子们一听，都同意了石猴的建议。它们跑到山洞里，看看这里、看看那里，高兴得又哭又笑。从此，水帘洞就成了这些猴子的家。猴子们也让石猴当了猴王，石猴于是叫自己"美猴王"。

❶ 里面 *n.* inside, interior
e.g. 盒子里面装了什么？

一、词语注释 Notes

1. 美猴王 Handsome Monkey King
书中主角孙悟空的第一个名字。因为它带领其他的猴子进入了一个叫水帘洞的地方，从此猴子们就让他当了猴王。又因为它长得好看，所以就叫作美猴王。
The first name given to Sun Wukong, the protagonist in the novel *Journey to the West*. He is known as Monkey King because he bravely leads his fellow monkeys to the Water Curtain Cave. As a good-looking monkey he is also called Handsome Monkey King.

2. 东胜神洲 Eastern Continent of Superior Deity
为佛教传说中四大部洲（其他三洲为西牛贺洲，南赡部洲和北俱芦洲）之一。孙悟空就出生在东胜神洲内。
One of the four continents (the other three are the Western Continent of Cattle-gift, the Southern Continent of Jambu and the Northern Continent of Kuru) divided based on the cosmology of Buddhism, and the birthplace of Monkey King.

3. 花果山 Mount Huaguo
位于东胜神洲傲来国，此山吸取了日月精华，是孙悟空的出生地。
Empowered by the sun and the moon, it is situated in the country of Aolai in the Eastern Continent of Superior Deity.

4. 花果山福地，水帘洞洞天

Mount Huaguo represents an earthly paradise while Water Curtain Cave is a blessed abode within this paradise.

洞天、福地都是道教的最佳修行之地。这句话是说花果山、水帘洞是修炼成仙的好地方。

This couplet indicates that Mount Huaguo and Water Curtain Cave are the best places for followers of Taoism to practise ascetic meditation and become immortals.

5. 水帘洞 Water Curtain Cave

美猴王和其他的猴子们住的地方，由于这个洞的外面有一条大瀑布，就像水做的帘子一样，所以叫作水帘洞。

It is the place where Monkey King and other monkeys live. It is so named because there is a waterfall that flows over the entrance of the cave, acting as a curtain, which is called 水帘 (water curtain) in Chinese.

二、思考题 Reading Comprehension Questions

1. 石猴是从哪里来的？
2. 为什么猴子们让石猴当了大王？
3. 猴子们为什么要搬到水帘洞里生活？

二、学本领
_{Èr} _{xué běnlǐng}

故事正文 Story

美猴王每天带着猴子们快乐地生活，很快就过了几百年。有一天，大家正在玩儿的时候，美猴王却伤心起来，因为他担心自己将来会死。有一只老猴子对他说："您只有去找个厉害的师父①，学些本领，才能长生不老②。"美猴王觉得老猴子说得对，于是他决定离开花果山，去找个神仙③学习本领。

第二天，猴子们做了一个小木船，又准备了些食物，于是美猴王一个人划着小船，出发了。他在海上划了几天几夜，最后借着风❶的力量，终于到了岸边。岸边❷有许多人在干活儿，美猴王悄悄地走过去，却把人们都吓跑了。因为人们都害怕他，他只好躲藏到山上去住。

有一天，美猴王散步的时候，走到了一个

① 师父 n. master
e.g. 学功夫的人都很尊敬自己的师父。
② 长生不老 idiom
live forever and never grow old
e.g. 古代有很多皇帝(emperor)都想长生不老。
③ 神仙 n. immortal
e.g. 中国的神话传说里有很多神仙。
❶ 风 n. wind
e.g. 风太大了，把窗户关上吧。
❷ 岸边 n. bank (of a river)
e.g. 岸边停了一只小船。

dà shāndòng qián。 Shāndòng de pángbiān yǒu yí kuài dà
大山洞前。山洞的旁边有一块大
shítou, shítou shang xiězhe "Sānxīng Dòng"。 Zhè shíhou,
石头，石头上写着"三星洞"[1]。这时候，
shāndòng de dàmén hūrán kāi le, yí gè xiǎo háizi zǒule
山洞的大门忽然开了，一个小孩子走了
chūlai。
出来。

Měihóuwáng gǎnjǐn zǒu guòqu, gēn nà gè háizi shuōle
美猴王赶紧走过去，跟那个孩子说了
xiǎng xué běnlǐng de shìqing, wèn tā néngbunéng bāngmáng。
想学本领的事情，问他能不能帮忙。
Nà gè háizi duì Měihóuwáng shuō:"Wǒ shīfu gāngcái ràng wǒ
那个孩子对美猴王说："我师父刚才让我
lái kāi mén, shuō yǒu yí gè xiǎng xuéxí běnlǐng de rén lái le,
来开门，说有一个想学习本领的人来了，
yuánlái jiù shì nǐ a! Qǐng gēn wǒ lái ba。" Yuánlái, zhè
原来就是你啊！请跟我来吧。"原来，这
shāndòng li zhù de shénxian shì Pútí Zǔshī。 Měihóuwáng
山洞里住的神仙是菩提祖师[2]。美猴王
qǐngqiú tā zuò zìjǐ de shīfu, Pútí Zǔshī dāying le。
请求他做自己的师父，菩提祖师答应了。
Yúshì Měihóuwáng jiù chéngle Pútí Zǔshī de túdi, tā
于是美猴王就成了菩提祖师的徒弟①，他
hái dédàole yí gè xīn míngzi, jiào Sūn Wùkōng。
还得到了一个新名字，叫孙悟空[3]。
Shíjiān guò de hěn kuài, Sūn Wùkōng yǐjīng zài shāndòng
时间过得很快，孙悟空已经在山洞
li zhùle qī nián。 Chúle měi tiān gànhuór, tā méiyǒu
里住了七年。除了每天干活儿，他没有
xuédào zhēnzhèng de běnlǐng。 Zhōngyú yǒu yì tiān, shīfu yào
学到真正的本领。终于有一天，师父要
jiāo tā le, kěshì wúlùn shīfu xiǎng jiāo tā shénme, zhǐyào
教他了，可是无论师父想教他什么，只要

① 徒弟 n. disciple
e.g. 孔子有三千徒弟。

不是能长生不老的本领，孙悟空就不学。师父生气地说："我无论教你什么，你都说不学，你到底想学什么？"说完，师父就用戒尺[4]在孙悟空的脑袋上敲了三下，然后就回自己的房间去了。

大家都以为师父生气了，不愿意再教孙悟空了。可是孙悟空却很高兴，因为他明白了师父的意思。夜里，当钟①敲了三下的时候，孙悟空悄悄地起床，去找师父。师父房间的门没有关，孙悟空走进房间，看见师父还在睡觉，就对师父说："师父，我来了！"其实，师父根本没有睡觉，他一直在等着孙悟空呢。师父坐起来，笑着对孙悟空说："你果然很聪明，明白了我的意思。"原来，师父是想偷偷②教他些厉害的本领，于是暗示③他，在钟敲三下时再过来。

① 钟 n. bell
e.g. 他每天晚上的工作是敲钟告诉人们时间。
② 偷偷 adv. stealthily
e.g. 他趁老师不注意，偷偷地跑出了教室。
③ 暗示 v. hint
e.g. 他暗示我不要再说了。

三年的时间过去了，师父除了教孙悟空长生不老的方法，还教了他七十二变[5]和翻筋斗云[6]。本领越大，孙悟空就越得意。有一天，当孙悟空给大家表演七十二变的时候，师父突然出现了，他看孙悟空学了些本领就炫耀①，非常生气，于是要赶孙悟空走。孙悟空着急了，他哭着请求师父不要赶他走，可是无论他怎么说，师父就是不答应。孙悟空没有办法，只好准备离开。师父对孙悟空说："你无论什么时候都不能告诉别人，你是我的徒弟。"说完这句话，山洞的大门就关上了。孙悟空伤心地走了。

① 炫耀 v. show off; flaunt
e.g. 他喜欢炫耀他的功夫。

一、词语注释 Notes

1. 三星洞 Sanxing Cave
山洞的名字，是菩提祖师住的地方。
The home to Subhuti, literally meaning three stars cave.

2. 菩提祖师 Subhuti
一个既通道教也通佛教的大仙，法力高深，弟子众多，教化广泛，深得当地百姓尊敬。他教会了孙悟空七十二变和筋斗云，是孙悟空的第一个师傅。
A great immortal who is knowledgeable in both Taoism and Buddhism. Because of his great power, he has a large number of disciples and is widely respected by locals. He teaches Monkey King the 72 Methods of Transformation and Somersault Cloud and is Monkey King's first master.

3. 孙悟空 Sun Wukong
孙悟空是从仙石中孕育而生的石猴。他聪明、调皮、嫉恶如仇，叛逆却又忠诚。他跟随菩提祖师练就了一身本领，武艺高强，勇敢过人，所使用的兵器是如意金箍棒。后来他拜唐僧为师，一路上降妖伏魔，历经九九八十一难，最后取回佛经修成正果。
A monkey bred from a fairy stone. He is brilliant, but mischievous; he hates evil and is rebellious but loyal. He gains profound abilities in all aspects by learning from

Subhuti. He not only excels in martial arts, but is also extremely brave. The Gold-banded Cudgel is his weapon. Later, he apprentices for Monk Xuanzang and helps him subdue demons and monsters during their journey. After overcoming 81 tribulations, he finally obtains the authentic Buddhist scriptures and attains Buddhahood.

4. 戒尺 Teacher's Paddle

中国古代私塾先生对学生施行体罚所用的长条形木板。
A rectangular board used for physical punishment in ancient China's private schools.

5. 七十二变 72 Methods of Transformation

菩提祖师教孙悟空的本领之一。"变"指变化，而七十二是个虚数，意思是多，七十二变是指很多种变化。而这种变化既可以使自己变，也可以变别的东西。
One of the skills taught by Subhuti to Monkey King. The 72 Methods of Transformation is a type of esoteric knowledge which allows the user to transform themselves and others into different beings. Here, the number 72 is used to mean "many", and does not reference the actual number 72 or any real numerical value.

6. 筋斗云 Somersault Cloud

也是菩提祖师教孙悟空的本领之一。因为孙悟空善于翻筋斗，所以菩提祖师教给他筋斗云，后来成为孙悟空飞行时所乘之云，一个筋斗便能行十万八千里路的距离。
Another skill taught by Subhuti to Monkey King. Monkey King is adept at the somersault, so Subhuti teaches him the skill called Somersault Cloud. Monkey King can use this skill to travel 108,000 *li* (or 54,000 km) in a single somersault.

二、思考题 Reading Comprehension Questions

1. 美猴王为什么想去学习本领？
2. 孙悟空跟着师父学习了哪些本领？
3. 师父为什么要赶孙悟空走？

三、借宝贝，闯龙宫 [1]

故事正文 Story

离开师父后,孙悟空就翻着筋斗云向花果山飞❶去。由于筋斗云的速度很快,一会儿,他就回到了花果山。可是,从前热闹的花果山现在却很安静,孙悟空觉得很奇怪。

原来孙悟空刚离开花果山,就来了一个可怕的妖怪①,他不但占了花果山,而且还抢了许多猴子。孙悟空知道以后❷很生气,立刻就去找那个妖怪。妖怪的本领没有孙悟空大,没过多久,妖怪就被打❸死了。猴子们都被救了,大家又回到了花果山。

为了让猴子们能保护自己,孙悟空决定教他们功夫,可是花果山上没有好的兵器②。一只老猴子告诉孙悟空:"大海❹里有一个龙宫,那里有许多宝贝,

① 妖怪 n. devil, demon
e.g. 神话传说中有很多妖怪。
② 兵器 n. weapon
e.g. 刀、剑都是古代的兵器。
❶ 飞 v. fly
e.g. 小鸟飞走了。
❷ 以后 adv. afterwards, later
e.g. 他毕业以后就当了老师。
❸ 打 v. beat, hit
e.g. 不要随便打人。
❹ 大海 n. ocean, sea
e.g. 我特别喜欢大海。

"您可以去找找。"孙悟空听了，立刻就去了龙宫。龙王[2]知道孙悟空很厉害，所以不敢拒绝他。于是，龙王拿来了许多兵器，让孙悟空自己选择。孙悟空拿了一件三千六百斤①的兵器，玩了一会儿，又扔下了，因为他觉得那兵器太轻，想要更重的。龙王又让人抬出一件七千多斤重的兵器，孙悟空还是觉得它太轻。龙王无奈地说："我没有更重的兵器了，您去别的地方找找吧。"可是孙悟空不相信。于是，龙王的妻子悄悄地对龙王说："我们不是还有一个定海神针[3]吗？就把那个给他，赶紧让他离开吧。"龙王同意了，他对孙悟空说："我还有一件宝贝，可是太重了，你自己去拿吧。你要是能拿起来，我就把它给你。"孙悟空跟龙王来到海底，龙王

① 斤 m.w. jīn (a unit for measuring weight equal to 0.5 kilogrammes) e.g. 一斤苹果多少钱？

指着一个巨大的柱子①说："就是它。"孙悟空走到那根大柱子旁边，使劲儿搬了一下，没有搬动。他又试了几次，还是没有搬动。他擦擦汗，说："可惜这个宝贝太大了，要是小一点儿就好了。"那个宝贝好像能听懂他说的话，真的变小了一点儿。孙悟空继续说："再小一点儿。"于是，那个宝贝就又变小了。孙悟空把那宝贝拿起来，看见上面写着几个字：如意金箍棒[4]，一万三千五百斤。孙悟空很喜欢如意金箍棒。龙王虽然很舍不得，但是既然已经答应了孙悟空，就必须得把它送给孙悟空。从此如意金箍棒就成为孙悟空的兵器了。

回到龙宫，孙悟空又让龙王送他一件好一点儿的衣服。龙王不太高兴了，因为孙悟空不但拿了龙宫里的

① 柱子 n. pillar
e.g. 故宫里有很多红色的大柱子。

西游记 Journey to the West

bǎobèi, érqiě bù mǎnzú, hái gēn tā yào dōngxi. Dànshì tā
宝贝，而且不满足，还跟他要东西。但是他
hàipà Sūn Wùkōng, jiù miǎnqiǎng① dāying le. Yúshì Sūn
害怕孙悟空，就勉强①答应了。于是孙
Wùkōng dàizhe rúyì jīngūbàng, chuānzhe piàoliang de yīfu,
悟空带着如意金箍棒，穿着漂亮的衣服，
gāoxìng de huí Huāguǒ Shān le.
高兴地回花果山了。

Huídào Huāguǒ Shān, Sūn Wùkōng náchū jīngūbàng gěi
回到花果山，孙悟空拿出金箍棒给
dàjiā kàn, dàjiā dōu shuō tā zhǎodàole yí jiàn hǎo bīngqì.
大家看，大家都说他找到了一件好兵器。
Wèile fāngbiàn, Sūn Wùkōng bǎ jīngūbàng biàn ❶ de gēn
为了方便，孙悟空把金箍棒变❶得跟
zhēn yíyàng xiǎo, ránhòu fàngjìn ěrduo li le.
针②一样小，然后放进耳朵里了。

Yǒu yì tiān, Sūn Wùkōng zhèng tǎng zài shù xià shuìjiào,
有一天，孙悟空正躺在树下睡觉，
mímíhūhū de kànjian liǎng gè rén cháo tā zǒu guòlai,
迷迷糊糊③地看见两个人朝他走过来，
shénme yě méiyǒu shuō, jiù bǎ tā lāzǒu le. Sūn Wùkōng
什么也没有说，就把他拉走了。孙悟空
gēnzhe tāmen láidào yí shàn dàmén wài, dàmén shang xiězhe
跟着他们来到一扇④大门外，大门上写着
sān gè zì: Yánwang Diàn. Sūn Wùkōng cái zhīdao zìjǐ dàole
三个字：阎王[5]殿。孙悟空才知道自己到了
Yánwang zhù de dìfang, gǎnjǐn yào zǒu, kěshì nà liǎng gè
阎王住的地方，赶紧要走，可是那两个
rén shǐjìnr lāzhe tā, zěnme dōu bú ràng tā zǒu. Sūn
人使劲儿拉着他，怎么都不让他走。孙
Wùkōng zháojí le, cóng ěrduo li náchū jīngūbàng, bǎ nà
悟空着急了，从耳朵里拿出金箍棒，把那
liǎng gè rén dǎpǎo le. Yuánlái Sūn Wùkōng yǐjīng sǐ le,
两个人打跑了。原来孙悟空已经死了，

① 勉强 v. force (sb. to do sth.)
e.g. 他不想去就不要勉强他了。

② 针 n. needle
e.g. 小心点儿，别被针扎到了。

③ 迷迷糊糊 adj. dazed, muddled
e.g. 他觉得头有点儿迷迷糊糊的，可能是感冒了。

④ 扇 m.w. (used for doors, windows, etc.)
e.g. 那扇门后面什么也没有。

❶ 变 v. change
e.g. 这么多年过去了，他的样子一直没有变。

nà liǎng gè rén shì Yánwang pàilái zhuā tā de.
那两个人是阎王派来抓他的。

Sūn Wùkōng bú yuànyi sǐ. Yúshì tā chuǎngjìn Yánwang
孙悟空不愿意死。于是他闯进阎王

Diàn, yòng jīngūbàng zhǐzhe Yánwang shēngqì de shuō: "Wǒ
殿,用金箍棒指着阎王生气地说:"我

yǐjīng xuéle chángshēng-bùlǎo de běnlǐng, yǒngyuǎn yě bú huì
已经学了长生不老的本领,永远也不会

sǐ, wèishénme nǐ hái yào lái zhuā wǒ? Kuài bǎ shēngsǐbù
死,为什么你还要来抓我?快把生死簿[6]

nálái!" Yánwang zhīdao Sūn Wùkōng hěn lìhai, suǒyǐ
拿来!"阎王知道孙悟空很厉害,所以

zhǐhǎo ràng rén náláile shēngsǐbù. Sūn Wùkōng názhe
只好让人拿来了生死簿。孙悟空拿着

shēngsǐbù, yìzhí bù tíng de fān, zhōngyú zài shàngmiàn
生死簿,一直不停地翻,终于在上面

zhǎodàole zìjǐ de míngzi. Tā gǎnjǐn bǎ zìjǐ de míngzi
找到了自己的名字。他赶紧把自己的名字

huádiào, ránhòu yòu zhǎodào qítā hóuzi de míngzi, yě
划掉,然后又找到其他猴子的名字,也

yìqǐ huádiào le. Sūn Wùkōng gāoxìng de hǎn: "Tài hǎo
一起划掉了。孙悟空高兴地喊:"太好

le! Tài hǎo le! Cóngcǐ wǒmen zàiyě búyòng hàipà sǐ
了!太好了!从此我们再也不用害怕死

le." Shuōwán jiù jiàzhe jīndǒuyún fēizǒu le. Sūn
了。"说完就驾❶着筋斗云飞走了。孙

Wùkōng gāng zǒu, Yánwang jiù gǎnjǐn gēn Yùhuáng Dàdì
悟空刚走,阎王就赶紧跟玉皇大帝[7]

bàogào qù le.
报告去了。

❶ 驾 v. ride
e.g. 他驾着一辆马车就走了。

一、词语注释 Notes

1. 龙宫 Dragon Palace
传说中大海里的宫殿，那里是龙王的住处。
A royal palace in the sea where a dragon king lives, as the legend goes.

2. 龙王 Dragon King
《西游记》中主要有四位龙王——东海龙王、西海龙王、南海龙王、北海龙王，他们住在各自的龙宫里，能行云布雨，消灾降福，象征祥瑞。孙悟空的金箍棒是在东海龙王那儿取得的，白龙马是西海龙王的儿子。
There are four dragon kings in the novel *Journey to the West*, including Dragon King of the East Sea, Dragon King of the West Sea, Dragon King of the South Sea and Dragon King of the North Sea. They live in different dragon palaces. They symbolize auspiciousness because they are capable of producing clouds and rain, preventing disasters and bringing fortune. Monkey King obtains his Gold-banded Cudgel from Dragon King of the East Sea. White Dragon Horse is the son of Dragon King of the West Sea.

3. 定海神针 Iron Pillar
定海神针原来是太上老君冶炼的神铁，后被大禹借走治水，治水后留在了海里，成为了龙宫的镇海之宝。

It was a magic piece of iron made by the Grand Supreme Elderly Lord. Later, Yu, a legendary ruler in ancient China, borrowed it to harness a flood. After the flood was under control, Yu left it in the sea where it became a treasure in the Dragon Palace because it could control the sea.

4. 如意金箍棒 As-you-will Gold-banded Cudgel

如意金箍棒原来是龙宫里的镇海之宝定海神针，后来被孙悟空借走，成了孙悟空的贴身武器。

It was a treasure in the Dragon Palace used to control the sea. Later, it was borrowed by Monkey King and became his signature weapon.

5. 阎王 Yama

阎王殿里地位最高的神仙，掌管人的生死和轮回。在中国古代的民间信仰里面，人死后要去阎王殿报到，接受阎王的审判，然后才能转世投胎。

Yama, the immortal with the highest rank in Yama's abode (similar to purgatory), takes charge of the cycle of a human being's life and death. A folk custom in ancient China has it that people will be sent to the nether world to be tried by Yama after death and will remain in Yama's abode until their reincarnation.

6. 生死簿 Life and Death Book

记载生死的册子。

A book recording the lives and deaths of human beings.

7. 玉皇大帝 Jade Emperor

众神中地位最高的，相当于天上的皇帝。他除了统领天上的神仙外，还管理宇宙万物的兴隆衰败，是道教中的神仙形象。

Equivalent to the emperor in heaven, he ranks as the highest among all celestial beings. Apart from being a commander of heaven, he takes charge of the revival and decline of all the beings in the universe. He is one of the immortals in Taoism.

二、思考题 Reading Comprehension Questions

1. 孙悟空去哪里借兵器了？
2. 他借到了什么兵器？
3. 龙王愿意把兵器借给孙悟空吗？为什么？

四、大闹天宫[1]

故事正文 Story

阎王和龙王找到玉帝，把孙悟空在阎王殿和龙宫做的事情告诉了玉帝。玉帝十分生气，要派天兵天将[2]去花果山抓孙悟空。这时候，太白金星[3]对玉帝说："不如我们给孙悟空一个小官当，把他留在天庭，他就不会到处捣乱①了。"玉帝同意了，派太白金星去花果山请孙悟空。

太白金星来到花果山，对孙悟空说了玉帝的命令。孙悟空十分开心，让小猴子们留在花果山，自己跟着太白金星来到天庭。太白金星对玉帝说："孙悟空来了。"玉帝问："谁是孙悟空？"孙悟空听到玉帝的话，十分随便的回答说："我就是。"玉帝看见孙悟空没有礼貌，非常生气，就让孙悟空做了一个养②马的小

① 捣乱 v. make trouble; disturb
e.g. 你再捣乱我就打你！
② 养 v. raise, keep
e.g. 我家养了一条可爱的小狗

官。这个官在天庭是最小的，可是孙悟空不知道，他高兴地接受了。孙悟空认真地工作，把那些马养得又高又大。

过了半个月，有一天，孙悟空问别人："我的官大不大？"大家都说："不大，不大，是天庭里最小的。"孙悟空听了，十分生气，他想："我在花果山是美猴王，到这里来却让我做最小的官，我不干了！"于是他回到了花果山，继续当美猴王。

回到花果山后，孙悟空越想越生气，他觉得自己本领很大，应该叫"齐天大圣[4]"，于是他让猴子们做了一面旗①，上面❶写着"齐天大圣"四个字，挂在了花果山上。

玉帝知道孙悟空又回到花果山，马上命令天兵天将，去花果山抓孙悟空。可是，这些天兵天将根本打不过

① 旗 n. flag
e.g. 导游在前边走，举着小旗。

❶ 上面 n. surface of an object
e.g. 桌子上面放着一杯水。

Sūn Wùkōng. Yúshì, Yùdì zhǔnbèi zài duō pài xiē rén qù
孙 悟 空。于 是，玉 帝 准 备 再 多 派 些 人 去
zhuā Sūn Wùkōng. Zhè shíhou, Tàibái Jīnxīng duì Yùdì shuō:
抓 孙 悟 空。这 时 候，太 白 金 星 对 玉 帝 说：
"Zhè gè hóuzi běnlǐng hěn dà, tiānbīng tiānjiàng kěndìng bù
"这 个 猴 子 本 领 很 大，天 兵 天 将 肯 定 不
néng qīngsōng de zhuādào tā. Tā bù zhīdao nǎ gè guān dà,
能 轻 松 地 抓 到 他。他 不 知 道 哪 个 官 大、
nǎ gè guān xiǎo, bùrú jiù ràng tā zuò 'Qítiān Dàshèng',
哪 个 官 小，不 如 就 让 他 做 '齐 天 大 圣'，
zhǐshì míngzi hǎotīng yìdiǎnr, yòu bú ràng tā guǎnlǐ
只 是 名 字 好 听❶一 点 儿，又 不 让 他 管 理
rènhé shìqing, zhǐyào tā búzài zuò huàishì jiù xíng le."
任 何 事 情，只 要 他 不 再 做 坏 事❷就 行 了。"
Yùdì tóngyì le, zài tiāntíng zēngjiāle yí gè jiào "Qítiān
玉 帝 同 意 了，在 天 庭 增 加 了 一 个 叫 "齐 天
Dàshèng" de guān, ránhòu pài Tàibái Jīnxīng qù qǐng Sūn
大 圣" 的 官，然 后 派 太 白 金 星 去 请 孙
Wùkōng. Sūn Wùkōng tīngdào Yùdì zhēn de ràng tā dāng
悟 空。孙 悟 空 听 到 玉 帝 真 的 让 他 当
Qítiān Dàshèng, jiù gāoxìng de huíle tiāntíng.
齐 天 大 圣，就 高 兴 地 回 了 天 庭。
　　　　Sūn Wùkōng suīrán zài tiāntíng zuòle Qítiān Dàshèng,
　　　　孙 悟 空 虽 然 在 天 庭 做 了 齐 天 大 圣，
dànshì què méiyǒu shénme jùtǐ de gōngzuò, měi tiān dàochù
但 是 却 没 有 什 么 具 体 的 工 作，每 天 到 处
luàn guàng. Yùdì hàipà Sūn Wùkōng chuǎnghuò, jiù
乱 逛❸。玉 帝 害 怕 孙 悟 空 闯 祸①，就
ràng Sūn Wùkōng guǎnlǐ Pántáo Yuán. Pántáo Yuán li de táo
让 孙 悟 空 管 理 蟠 桃 园 [5]。蟠 桃 园 里 的 桃
jiǔqiān nián chéngshú yí cì, chī yí gè táo jiù kěyǐ
九 千 年 成 熟 一 次，吃 一 个 桃 就 可 以
chángshēng-bùlǎo.
长 生 不 老。

① 闯祸 *v.* get into trouble
e.g. 他是个淘气的孩子，几乎每天都要闯祸。
❶ 好听 *adj.* pleasant to the ear
e.g. 这首歌真好听。
❷ 坏事 *n.* bad thing; evil deed
e.g. 他被警察抓起来了，因为他做了很多坏事。
❸ 乱逛 *v.* wander
e.g. 这里你不熟悉，不要乱逛。

Sūn Wùkōng kàndào táo, gāoxìng de xiǎng:" Yùdì duì
孙悟空看到桃，高兴地想："玉帝对
wǒ hěn hǎo a, zhīdao wǒ xǐhuan chī táo, jiù ràng wǒ guǎnlǐ
我很好啊，知道我喜欢吃桃，就让我管理
Pántáo Yuán. Jīntiān wǒ jiù cháng jǐ gè ba." Tā páshàng
蟠桃园。今天我就尝几个吧。"他爬上
shù, zhāile jǐ gè dà táo chī qǐlai. Cóngcǐ, Sūn Wùkōng
树，摘了几个大桃吃起来。从此，孙悟空
zhǐyào è le, jiù dào shù shang zhāi táo chī, chībǎole jiù
只要饿了，就到树上摘桃吃，吃饱了就
tǎng zài shù shang shuìjiào, dà táo jīhū dōu bèi tā chīwán le.
躺在树上睡觉，大桃几乎都被他吃完了。
　　Guòle jǐ gè yuè, Wángmǔ niángniang xiǎng jǔbàn yí
　　过了几个月，王母娘娘[6]想举办一
gè yànhuì, qǐng tiāntíng de shénxian chī táo. Tā pàile qī wèi
个宴会，请天庭的神仙吃桃。她派了七位
xiānnǚ [7] qù Pántáo Yuán zhāi táo. Sūn Wùkōng zài Pántáo Yuán
仙女[7]去蟠桃园摘桃。孙悟空在蟠桃园
li chī táo chībǎo le, jiù dào shù shang qù shuìjiào.
里吃桃吃饱了，就到树上去睡觉。
Xiānnǚmen láidào Pántáo Yuán, chījīng de fāxiàn shù shang
仙女们来到蟠桃园，吃惊地发现树上
jīhū méiyǒu chéngshú de táo le, zhǐhǎo dàochù xúnzhǎo.
几乎没有成熟的桃了，只好到处寻找。
Sūn Wùkōng bèi chǎoxǐng le, kànjian yǒu rén zài zhāi táo, jiù
孙悟空被吵醒了，看见有人在摘桃，就
wèn:" Nǐmen shì shuí, xiǎng tōu táo ma？" Yí wèi xiānnǚ duì
问："你们是谁，想偷桃吗？"一位仙女对
Sūn Wùkōng shuō:" Wángmǔ niángniang xiǎng jǔxíng yànhuì,
孙悟空说："王母娘娘想举行宴会，
qǐng shénxianmen chī táo, jiù pài wǒmen lái Pántáo Yuán zhāi
请神仙们吃桃，就派我们来蟠桃园摘
táo." Sūn Wùkōng yǐwéi yànhuì yídìng huì yāoqǐng zìjǐ,
桃。"孙悟空以为宴会一定会邀请自己，

就问仙女："王母娘娘都请了哪些神仙？"一位仙女回答说："几乎邀请了天庭的所有神仙。"孙悟空又问："有没有邀请我？"仙女说："没有邀请您。"孙悟空很生气，他想："我是齐天大圣，王母娘娘怎么能不邀请我参加宴会？"

孙悟空驾着筋斗云来到举行宴会的地方。这时候，神仙们还没有到。孙悟空看见桌子上摆满了菜和酒，决定把桌子上的食物全部吃完，让宴会没有办法举办。他来到一张桌子前坐下，一边吃菜一边喝酒❶。孙悟空吃饱了，迷迷糊糊地离开举办宴会的地方，走到太上老君[8]的房间。他走进房间，看里面没有人，就把太上老君的仙丹[9]都吃了。孙悟空知道自己闯祸了，不敢继续留在天庭，于是就又回到了花果山。

❶ 酒 *n.* wine, liquor
e.g. 少喝点酒吧，喝酒对身体不好。

一、词语注释 Notes

1. 天宫 Heavenly Palace
传说中玉帝、神仙居住的宫殿。
According to Chinese legend, it is a royal palace where Jade Emperor and the other immortals live.
2. 天兵天将 Divine Troops Descending from Heaven
天上的士兵和将领，受玉帝指挥，主要任务是护卫天庭。
It refers to the soldiers in heaven, who are commanded by Jade Emperor. Their main task is to guard the Heavenly Palace.
3. 太白金星 Planet Venus
天上一位颇有名气的神仙，法力广大，又比较和善，给孙悟空很多帮助。
A renowned immortal in heaven who is omnipotent and amiable, and who offers a lot of help to Monkey King.
4. 齐天大圣 Great Sage Equal to Heaven
官名。孙悟空感觉天庭给的官太小，因此离开天庭，回到花果山，从此自封齐天大圣，并迫使天庭承认该封号。
An official title. Monkey King thought that he was appointed to a low position in heaven, so he left for Mount

Huaguo declaring himself the Great Sage Equal to Heaven and forced celestial court to recognize his title.

5. 蟠桃园 Heavenly Peach Garden

天上的桃园。园内共有三千三百三十三棵蟠桃树。蟠桃树依次每三千年一开花，三千年一结果，三千年一成熟。传说蟠桃园中的仙果，凡人吃了便可以长生不老，得道成仙；神仙吃了法力无边。

There are 3,333 peach trees in the garden. The trees bloom every 3,000 years, and it takes another 3,000 years for them to yield fruits, and then another 3,000 years for the fruits to ripen. Legend has it that this magic fruit, if eaten by mortals, will bring eternal life to them and make them immortals; when eaten by immortals, it can bestow omnipotent magical power.

6. 王母娘娘 Queen Mother of Western Heaven

天上所有仙女的领袖，天宫里地位最高的女神。她掌管蟠桃园，里面的桃子具有使人长生不老的功效。

As the head of all the fairy maidens, she ranks the highest among all the goddesses in the Heavenly Palace. She is in charge of the Heavenly Peach Garden which produces peaches that can make people live forever and never grow old.

7. 仙女 Fairies

天上的女神仙，由王母娘娘领导。

Female immortals led by the Queen Mother of Western Heaven.

8. 太上老君 The Grand Supreme Elderly Lord

道教中一位法力高强的神仙，懂得炼丹之术，还有许多厉害的宝物，如金刚镯、红葫芦等。他曾经为了降服孙悟空而将其放入炼丹炉中，却使孙悟空获得了一双火眼金睛，可以分辨出妖怪，在取经路上，起了很大作用。

A powerful immortal in Taoism. He knows how to distill elixirs and possesses many treasures, such as the Diamond Bracelet, Crimson Gourd and others. In order to subdue Monkey King, he puts him in his furnace used for distilling elixirs. Beyond his expectations, Monkey King comes out with a pair of golden-gaze fiery eyes, which could distinguish demons. This ability helps them a lot during their journey.

9. 仙丹 Elixir of Life

将多种化学原料放入丹炉等容器内，经高温处理后提炼成的混合物。据说道士用此法炼制仙药，服用后可羽化成仙。

A compound produced by heating and extracting a variety of chemicals in a furnace. It is said that Taoist priests distill elixirs this way, which will make mortal beings immortal.

二、思考题 Reading Comprehension Questions

1. 孙悟空为什么自称"齐天大圣"？
2. 孙悟空在天庭闯了什么祸？
3. 孙悟空闯祸后去了哪里？

五、被困五行山 [1]

故事正文 Story

七位仙女把蟠桃园里发生的事情告诉了玉帝和王母娘娘。接着,又有人告诉玉帝和王母娘娘:"齐天大圣已经把宴会上的菜都吃了,宴会没有办法举办了。"玉帝正要详细了解宴会的情况,太上老君走到玉帝旁边,生气地说:"我的仙丹都被那只猴子偷吃❶了。"玉帝生气地说:"这次我一定要惩罚①那只猴子!"

玉帝命令天兵天将去花果山抓孙悟空,可是孙悟空太厉害了,天兵天将又被打败❷了。玉帝又派二郎神[2]和梅山六兄弟[3]去抓孙悟空。二郎神和孙悟空打了很长时间,谁也没有打赢谁。这时候,梅山六兄弟趁孙悟空不注意,闯进了水帘洞。

孙悟空看见自己的家要被破坏了,

① 惩罚 v. punish
e.g. 做了坏事就要受到惩罚。

❶ 偷吃 v. take/eat food on the sly
e.g. 客人来以前,你不许偷吃桌上的菜。

❷ 打败 v. be beaten
e.g. 在比赛中,我们班被别的班打败了。

十分着急。他马上变成一只鸟，向水帘洞飞去。二郎神变成了一只大鸟，去追孙悟空。孙悟空立刻跳进水里，变成了一条鱼。二郎神又变成了一只鱼鹰[4]，在岸上等着孙悟空。孙悟空看见了，赶紧变成一条蛇，回到岸上，接着又变成一只花鸨[5]，站在树上。二郎神变回原来的样子，朝花鸨打去，孙悟空从树上摔了下来。太上老君趁孙悟空不注意，用金刚镯[6]把孙悟空打晕了。于是，天兵天将赶紧用绳子把孙悟空绑❶了起来。

孙悟空被带到天庭。玉帝想杀了孙悟空，可是孙悟空吃了太上老君的仙丹，无论是拿刀砍还是用闪电劈①，孙悟空都没有死。太上老君对玉帝说："不如把他放进八卦炉[7]，用火烧②死他。"

① 劈 v. chop, strike
e.g. 门前的大树被雷劈倒了。
② 烧 v. burn
e.g. 他被大火烧死了。
❶ 绑 v. tie, bind
e.g. 他被人绑起来了。

玉帝同意了。

天兵天将把孙悟空推进八卦炉。孙悟空在八卦炉里被火烧了四十九天，所有人都以为他死了。到第四十九天的时候，太上老君刚把八卦炉打开❶，孙悟空就跳了出来。

火没有烧死孙悟空，还让他有了一双"火眼金睛[8]"。这时候，孙悟空突然举起金箍棒，一边朝玉帝打，一边喊："皇帝①应该轮流做。玉帝，你赶紧把天庭送给我。"天兵天将急忙保护玉帝，和孙悟空打了起来。

玉帝立刻派人去请如来佛祖[9]。如来佛祖来到天庭，对孙悟空说："如果你能翻出我的手掌②，玉帝就把天庭送给你，怎么样？"孙悟空赶紧答应了，他高兴地想："这个人好傻啊，我一个

① 皇帝 n. emperor
e.g. 皇帝的命令没人敢不听。
② 手掌 n. palm
e.g. 中医 (a practitioner of Traditional Chinese Medicine) 可以根据手掌看病。
❶ 打开 v. open
e.g. 我打开盒子一看，里面有一封信。

筋斗云能翻十万八千里①，他的手掌那么小，我一定能翻出去。"

孙悟空轻轻一跳，就跳到了如来佛祖的手掌上。他连续翻了几个筋斗云，然后就停下了。孙悟空一直往前走，突然看见了五根大柱子，他想："这应该就是天❶的尽头了，这些柱子一定是支撑②天用的。我要写几个字，证明我来这里了。"他在中间的柱子上写了几个字"齐天大圣到此一游[10]"。写完，他又翻着筋斗云，回到了如来佛祖的手掌上。孙悟空对如来佛祖说："你让玉帝把天庭给我。"佛祖摇摇头③。孙悟空让如来佛祖去天的尽头，看看他留下的证据。如来佛祖笑着说："你看看我的手指。"孙悟空低头看见如来佛祖右手的手指上写着"齐天大圣到此一游"几个字。孙

① 里 *m.w. li* (a unit of length, equivalent to half a kilometre)
e.g. 从我家到学校大约有 10 里。
② 支撑 *v.* hold up; support
e.g. 这根柱子支撑不了这个房顶。
③ 摇头 *v.* shake one's head
e.g. 他摇摇头，表示不同意。
❶ 天 *n.* sky
e.g. 天上有一架飞机。

悟空吃惊地说："我不相信，我应该把字写在柱子上了，怎么会在你的手指上，等我再去柱子那里看看。"

孙悟空刚要走，如来佛祖就把手掌翻了过来，变成了一座大山，把孙悟空压❶在了山下，然后又在山顶❷放了一张符①，让孙悟空没有办法从山里逃出来。从此，孙悟空就被压在了五行山下。

① 符 n. talisman, magic figure (drawn by Taoist priests to invoke or expel spirits and bring good or ill fortune)
e.g. 传说符可以保佑平安。

❶ 压 v. press
e.g. 这本书被压在了最下面，所以我找了好久都没有找到。

❷ 山顶 n. top of the mountain
e.g. 我想到山顶去看看。

一、词语注释 Notes

1. 五行山 Five Elements Mountain
如来佛祖用来压孙悟空的山。
The mountain where the Buddha detained Monkey King.

2. 二郎神 God Erlang
本名杨戬，是仙女和凡人所生，是玉帝的外甥。他力大无穷，武艺高强，头上长了第三只慧眼，还有一只哮天犬跟随左右。在孙悟空大闹天宫时，他曾和其他神仙一起，将孙悟空抓了起来。

His original name is Yang Jian. He is the son of a fairy maiden and a human, and the nephew of Jade Emperor. He has great strength and is skilled at martial arts. He has three magical eyes on his head and a heavenly dog that follows him. When Monkey King causes havoc in the Heavenly Palace, God Erlang catches Monkey King with the other immortals.

3. 梅山六兄弟 Six Brothers of Plum Hill
辅佐二郎神的六位神仙，与二郎神并称梅山七圣。
Six immortals who assist God Erlang. Together with God Erlang, they are called the Seven Elite Sages of Plum Hill.

4. 鱼鹰 fish hawk; osprey
鸟类。身体比鸭狭长，体羽为金属黑色，善潜水捕鱼。
A bird thinner and longer than a duck. It has metallic black feathers and is adept at diving and catching fish.

5. 花鸨 bustard
鸨这种鸟长得头小颈长，是中型和大型狩猎鸟类。
It is a medium to large bird with a small head and long neck used for hunting.

6. 金刚镯 Diamond Bracelet
太上老君的众多法宝之一，能收天下各种兵器。
One of the Grand Supreme Elderly Lord's magical objects which can be used to seize a variety of weapons.

7. 八卦炉 Eight-way Trigram Furnace

传说中太上老君的炼丹炉。

A furnace used by the Grand Supreme Elderly Lord to distill elixirs.

8. 火眼金睛 Fiery Eyes with Golden Pupils

火眼金睛是孙悟空在太上老君的八卦炉中锻烧的意外收获，火眼金睛可以让孙悟空识破妖怪。

With his eyes sharpened after being burned in the Eight-way Trigram Furnace, Monkey King gains an unexpected benefit from a punishment. He is then able to recognize evil spirits disguised in any form.

9. 如来佛祖 The Buddha

其原型是释迦牟尼，住在西天大雷音寺，是一位法力无边、至高无上的佛。在孙悟空大闹天宫，所有天兵天将都被打败之时，是如来佛祖及时出手相救，将孙悟空压在了五行山下。后他又选择了唐僧去西天取经，普渡众生。

Another name of Shakyamuni, who lives at Great Leiyin Temple in Western Heaven. He enjoys supremacy with omnipotent powers. Monkey King at one time creates a tremendous uproar in the Heavenly Palace. When no soldiers from heaven can defeat him, it's the Buddha who helps the situation and traps Monkey King under the Five Elements Mountain. Later, he picks Monk Xuanzang to embark on a journey to the West for the Buddhist scriptures in order to enlighten the masses.

10. 到此一游 "(sb.) was here"

到这个地方来了一趟。

A phrase written to indicate that one has visited a place.

二、思考题 Reading Comprehension Questions

1. 天兵天将失败后，玉帝又派了谁去抓孙悟空？
2. 太上老君想用什么方法杀死孙悟空？
3. 最后是谁制服了孙悟空？

六、唐僧[1]收徒弟

故事正文 Story

如来佛祖想把佛经①传给大唐[2]的老百姓,于是他就派观音菩萨[3]去大唐寻找能到西天[4]取佛经的人。有一天,大唐皇帝请唐僧给老百姓讲佛经。观音菩萨觉得唐僧讲得很好,决定让他去西天取佛经。观音菩萨变成一个老和尚②,手❶里拿着宝贝,假装要把这些宝贝卖给皇帝。皇帝想把宝贝送给唐僧,就问老和尚:"这些宝贝一共要多少钱?"观音菩萨说:"如来佛祖那里有佛经要传❷,你如果派唐僧去西天取佛经,这些宝贝可以不要钱,送给唐僧。"接着,观音菩萨变成原来的样子,驾着云走了。大家一看,原来是观音菩萨,明白了观音菩萨想让唐僧去取佛经的意思。于是,

① 佛经 n. Buddhist scriptures
e.g. 读佛经可以让人平静。
② 和尚 n. monk
e.g. 和尚不吃肉,也不喝酒。
❶ 手 n. hand
e.g. 他的手受伤了。
❷ 传 v. spread; go around
e.g. 这个消息是怎么传出去的?

西游记 Journey to the West

唐僧告别了皇帝，就出发去西天了。唐僧带着两个仆人①向西天走去。有一天，他们走到一座山下，突然听到有人喊："师父救我，师父救我。"唐僧听了很害怕，仆人对唐僧说："您不要害怕，听人说，这座山下压着一只猴子。刚才肯定是这只猴子在说话。"

这只猴子就是孙悟空，他已经被压了五百年。孙悟空看见唐僧，十分开心地说："师父救我。观音菩萨让我给你当徒弟，保护你去西天取佛经。"唐僧问："我怎么救你？"孙悟空说："如来佛祖在山顶贴❶了一张符，您把它撕下来就行了。"唐僧爬到山顶把符撕了下来。孙悟空说："师父，你走远一点儿。"唐僧赶紧退到很远的地方等着，突然一声❷巨响②，五行山倒了。孙悟空跳了出来，

---

① 仆人 *n.* servant
e.g. 他家很有钱，有十个仆人。

② 巨响 *n.* bang
e.g. 突然从远处传来一声巨响，我们都被吓坏了。

❶ 贴 *v.* stick, paste
e.g. 我把你的照片贴在了墙上。

❷ 一声 *n.* a sound
e.g. 远处传来一声巨响。

对唐僧说："谢谢师父。"唐僧看见孙悟空没有穿衣服，就把自己的衣服给了孙悟空。仆人们看见唐僧有了徒弟，就回大唐去了。

唐僧和孙悟空继续往西天走。有一天，他们正在路上走着，突然从树林①里跳出六个强盗②，要抢唐僧的马。孙悟空拿出金箍棒，把强盗都打死了。孙悟空杀了人，唐僧非常生气。他对孙悟空说："虽然他们是强盗，你也不应该杀人。你这么残忍③，怎么能跟我去取佛经呢？"

孙悟空听了也非常生气。他回答说："我为了保护你才杀人，你不但不感谢我，而且还要教训我。我不去西天取佛经了，你自己去吧！我回花果山了。"说完，孙悟空就飞走了。

① 树林 n. forest
e.g. 树林里有很多小鸟。
② 强盗 n. robber
e.g. 有的强盗不但抢钱，还会杀人。
③ 残忍 adj. cruel
e.g. 他把那个小孩儿杀了，实在太残忍了。

西游记 Journey to the West

唐僧没有办法，只好自己往西走。走着走着，他看见前面来了一个老妇人①。老妇人问唐僧："你怎么一个人走呢？"唐僧把孙悟空离开的事情告诉了老妇人。老妇人说："我送你一个帽子，你给你的徒弟戴上，他以后②就会听你的了。"唐僧说："我的徒弟已经走了，要帽子有什么用呢？"老妇人笑着说："别着急，你的徒弟会回来找你的。我再教你一个咒语③，以后他再不听你的，你就念咒语。"

唐僧学❶完了咒语，老妇人就向东飞走了。原来这个老妇人是观音菩萨变的，她是专门来帮助唐僧的。孙悟空离开唐僧后，马上就后悔了，他既没有回花果山，又不敢再去找唐僧。这时候，观音菩萨出现了，她告诉孙悟空

① 老妇人 n. old woman
e.g. 一个老妇人在河边洗衣服。
② 以后 adv. afterwards
e.g. 毕业以后，我就当了老师。
③ 咒语 n. magic spell; incantation
e.g. 哈利波特会念咒语。
❶ 学 v. learn
e.g. 我想学汉语。

唐僧正等着他回去呢，孙悟空听了，高兴地回去找师父了。

孙悟空找到唐僧，把遇到观音菩萨的事情告诉了他。唐僧拿出观音菩萨给的帽子，让孙悟空戴上。孙悟空觉得帽子很漂亮，就高兴地戴上了。孙悟空戴上帽子后，唐僧就开始念咒语。突然，孙悟空的头疼得像要爆炸[1]了似的。他使劲儿拉帽子，想把它摘掉，可是怎么也摘不掉。原来观音菩萨给唐僧的是金箍[5]，教他念的是紧箍咒[6]，只要一念，孙悟空的头就会疼。孙悟空请求唐僧说："师父，别念了！别念了！我知道错了。"唐僧看他已经知道错了，就不念了。孙悟空害怕唐僧念咒语，就跟唐僧保证，以后一定好好跟着师父去取佛经。

[1] 爆炸 v. explode; blow up
e.g. 远处传来了一声巨响，原来是工厂爆炸了。

一、词语注释 Notes

1. 唐僧 Monk Tang
又叫玄奘,是唐朝的一位高僧。他心地仁慈,个性执着而坚韧,一心想着取得佛经,教化百姓。尽管在取经的路上经历了很多困难,他还是坚持不放弃,终于在三个徒弟的保护下,到达西天,取得了佛经。
An eminent monk in the Tang Dynasty (618-907), also known as Monk Xuanzang. He is benevolent, persistent and tenacious. His greatest purpose is to acquire the Buddhist scriptures and enlighten the public. Even though he encounters numerous obstacles during the journey, he never gives up and finally acquires the scriptures in Western Heaven with the help of his three disciples.

2. 大唐 Great Tang (Empire)
唐朝(618—907年)是中国历史上统一时间最长、国力最强盛的朝代之一。
The Tang Dynasty was one of the most prosperous and long reigning dynasties in Chinese history.

3. 观音菩萨 Guanyin Bodhisattva
佛教中慈悲和智慧的象征。她法力高深,当众生遇到困难和苦痛,她都能及时救护。就是她点化了孙悟空、猪八戒、沙和尚成为唐僧的徒弟,又在取经的道路上,屡次帮助唐僧师徒化险为夷。

In Buddhism, she represents mercy and wisdom. She is powerful and able to rescue the masses whenever they encounter hardships. She converts Monkey King, Monk Pig and Monk Sand into Monk Xuanzang's disciples. In addition, she helps with numerous dangers on their way to Western Heaven.

4. 西天 Western Heaven

佛祖所在的地方，是佛教中的极乐世界，也是唐僧取佛经的目的地。

Home to the Buddha and a land of ultimate bliss, as well as the destination for Monk Xuanzang to obtain Buddhist scriptures.

5. 金箍 Magic Gold Ring

金属制的箍，用来束缚孙悟空的头。只要一念咒语，金箍就会越来越紧。

A kind of hoop made of metal to bundle the head of Monkey King. If a certain incantation is chanted, the gold ring will become tighter and tighter.

6. 紧箍咒 Ring Tightening Mantra

唐僧用来制服孙悟空的咒语，能使孙悟空头上的金箍紧缩，让孙悟空头痛欲裂。

An incantation used by Monk Xuanzang to bring Monkey King under control. It can make the gold ring on Monkey

King's head tight enough to cause serious pain.

二、思考题 Reading Comprehension Questions

1. 观音菩萨派了谁去西天取佛经？
2. 唐僧用了什么办法让孙悟空听自己的话？
3. 谁教了唐僧紧箍咒？

七、收服① 白龙马 [1]

---

① 收服 *v.* subdue; bring under control
e.g. 孙悟空一路上收服了很多妖怪。

故事正文 Story

唐僧和孙悟空继续向西走。有一天，他们走到了一个大瀑布前，突然从瀑布里钻①出来一条白龙，张着爪子②向唐僧冲过来。孙悟空连忙背起唐僧就跑。可是，唐僧的马却被白龙吃了。然后，它又钻进瀑布里消失了。

孙悟空看见马被吃了，生气极了。他站在瀑布前喊："白龙，把我们的马吐出来！"白龙听见了，又从瀑布里钻出来，和孙悟空打了起来。

白龙没有孙悟空厉害，打了一会儿，就赶紧逃了。孙悟空把土地神[2]叫出来，问他关于白龙的情况。土地神告诉孙悟空："这条白龙是观音菩萨故意安排在这里等你们的。"孙悟空不明白观音菩萨为什么要这么❶做，于是，他就去找

---

① 钻 v. get into; go through
e.g. 春天来了，很多小动物都从洞里钻了出来。
② 爪子 n. claw
e.g. 鹰的爪子很厉害。
❶ 这么 pron. such, so
e.g. 雨这么大，你就不要走了。

西游记 Journey to the West

观音菩萨。观音菩萨已经知道孙悟空要来，还没有等他说话，观音菩萨就解释说："那条白龙是龙王的儿子，他犯❶了死罪①，是我给他求情②，让他给唐僧当马骑的。没有他，你们就不能去西天。"孙悟空明白了，他请求观音菩萨帮助他抓白龙，观音菩萨答应了。

观音菩萨来到瀑布前，对着瀑布喊："小白龙快出来，你师父已经到了。"白龙赶紧从瀑布中钻出来，变成了一匹白马，让唐僧骑。唐僧和孙悟空感谢了观音菩萨，然后就又继续向西走了。

---

① 死罪 *n.* capital crime
e.g. 因为贩毒，他犯了死罪。

② 求情 *v.* plead; beg for
e.g. 你不要替他求情了，他应该接受惩罚。

❶ 犯 *v.* violate, break, make
e.g. 他犯了错，被老师惩罚了。

一、词语注释 Notes

1. 白龙马 White Dragon Horse

本是西海龙王三太子，因触犯天条，要被斩首。后因观音菩萨出面才免于死罪，被贬到蛇盘山等待唐僧取经。之后又因误吃唐僧所骑的白马而变身为白龙马，载乘唐僧上西天取经，最终修成正果。

He is the third son of the Dragon King of the West Sea. He is sentenced to be beheaded for breaching heavenly rules. With the help of Guanyin Bodhisattva, he is excused from the death penalty. Instead, he is exiled to the Snake Winding Mountain to wait for Monk Xuanzang to come. Afterwards, he eats Monk Xuanzang's horse by mistake, and thus is transformed into a white dragon horse. He has to carry Monk Xuanzang to Western Heaven in search of Buddhist scriptures. In the end, he finds fulfillment and becomes an immortal.

2. 土地神 God of Land

传说中掌管一方土地的神仙，住在地下，是神仙中级别最低的。

A deity living underground and in charge of a specific area. He is ranked at the bottom of the godly hierarchy.

二、思考题 Reading Comprehension Questions

1. 谁把唐僧的马吃了？
2. 观音菩萨为什么把小白龙安排在这里？
3. 小白龙变成了什么？

八、比宝贝，丢袈裟 [1]

故事正文 Story

有一天，唐僧和孙悟空走到了一个寺庙①前。唐僧对寺庙里的和尚说："我们是从大唐来的，要到西天取佛经。我们累了，想在这里住一个晚上，可以吗？"和尚们立刻同意了。

唐僧刚想坐下休息，一个老和尚走过来了，原来他就是管理这个寺庙的人。老和尚喜欢收藏②宝贝，他知道唐僧是从大唐来的，就猜唐僧一定有宝贝。为了让唐僧把宝贝拿出来，老和尚先把自己的宝贝拿出来给唐僧看。然后他问唐僧："您从那么远的地方来，有没有带什么宝贝啊？"唐僧没有回答，可是孙悟空却着急地说："你有宝贝，我们也有！"说完，孙悟空就把师父的袈裟拿了出来，那是观音菩萨送给唐僧的宝贝之

① 寺庙 n. temple
e.g. 中国有很多寺庙。
② 收藏 v. collect
e.g. 他喜欢收藏各种各样的石头。

西游记 Journey to the West

一。袈裟上有许多宝石①，老和尚非常吃惊，因为袈裟太漂亮了。

老和尚想把袈裟抢过来。于是，他想了一个办法。他找了个借口，把袈裟借了出来。到了晚上，老和尚让人把唐僧和孙悟空住的房间用火点着②，想烧死他们。孙悟空听到外面❶很吵，觉得很奇怪，就变成一只小蜜蜂，飞到外面，正好看见了这一情景。

为了保护师父，孙悟空向神仙借了一个宝贝，叫避火罩[2]。他用避火罩把唐僧的房间盖住了。火越来越大，结果把整个寺庙都点着了。于是，大家又开始忙着救火❷。

寺庙的后面有一座山，山上住着一个黑风怪[3]。他趁大家不注意的时候，悄悄进了老和尚的房间，把唐僧的袈裟偷走了。

① 宝石 n. gemstone
e.g. 这颗宝石太漂亮了。
② 点着 v. ignite
e.g. 他不小心把房间点着了。
❶ 外面 n. outside
e.g. 是谁在外面吵？
❷ 救火 v. fight a fire
e.g. 人人都要懂得一些救火的知识。

早上，唐僧醒了。他看到被火烧过的寺庙，非常吃惊。孙悟空就把晚上发生的事情说给唐僧听。唐僧担心袈裟会丢，赶紧去找老和尚。寺庙被烧，袈裟也丢了，老和尚非常伤心。这时候，唐僧来了，老和尚害怕极了。他没有办法和唐僧解释，于是撞墙自杀①了。唐僧看到老和尚死了，觉得很难过。他批评孙悟空不应该把袈裟拿出来，不然就不会发生这些事情了。

老和尚死了，孙悟空就问小和尚们袈裟在哪儿，可是他们都说不知道。孙悟空想了一会儿，又问："这附近有没有妖怪？"其中一个和尚回答说："寺庙后面的山上有一个黑风怪。"孙悟空觉得袈裟很可能被妖怪偷走了。于是，他让小和尚们照顾唐僧，自己去找黑风怪了。

① 自杀 v. commit suicide
e.g. 他受不了巨大的工作压力，自杀了。

一、词语注释 Notes

1. 袈裟 Cassock
和尚披在外面的法衣，由许多长方形小块布片拼缀制成。
A patchwork outer vestment worn by a Buddhist monk.

2. 避火罩 Fire Proof Shield
是孙悟空向一个神仙借的法宝，只要罩上，就可以避开火的侵袭。
A magic weapon Monkey King borrowed from an immortal. When something is covered by the shield, fire can be prevented.

3. 黑风怪 Black Wind Demon
原是一头黑熊，住在黑风山黑风洞，修行多年成为妖怪。使一柄黑缨长枪，善于变化，手段也很厉害。
At one time a black bear who lives in the Black Wind Cave on the Black Wind Mountain. After years of practicing austerity, it turns into a demon, who has mastered a lot of powerful tactics and is adept at changing by using a black-tasselled spear.

二、思考题 Reading Comprehension Questions

1. 老和尚为什么想烧死唐僧和孙悟空？
2. 老和尚为什么要自杀？
3. 是谁把袈裟偷走了？

九、智斗黑风怪
Jiǔ, zhì dòu Hēifēngguài

故事正文 Story

孙悟空去寺庙后面的山上找黑风怪。走着走着,他突然发现了一个山洞,山洞旁边有一块大石头,上面写着"黑风洞[1]"三个大字。孙悟空猜黑风怪肯定就住在这个山洞里。为了让黑风怪出来,孙悟空在山洞口骂:"黑风怪,你这个胆小鬼!偷了我师父的袈裟,还想逃吗?"黑风怪正在休息,突然听到山洞外有人骂他,立刻拿着兵器冲出来了。可是,黑风怪根本打不过孙悟空,打了一会儿,就逃回山洞里了。无论孙悟空怎么骂他,他就是不出来了。孙悟空也没有办法,在山洞外等了一会儿就离开了。

没拿回袈裟,唐僧很难过。因为那袈裟是观音菩萨送的,唐僧很珍惜。孙悟空不想让师父伤心,就对唐僧保证说:"师父,您放心,明天我一定把袈裟拿回来。"

第二天早上,孙悟空就去找观音菩萨帮忙了。观音菩萨批评孙悟空:"你不应该把袈裟拿出来炫耀,不然这一切就不会发生。"孙悟空接受了菩萨的批评,他请求菩萨帮忙把袈裟要回来。菩萨答应了,跟着孙悟空一起来到了黑风洞。他们刚要进山洞,一个道士[2]端①着盘子走了过来。孙悟空当时就看出那个道士是妖怪变的,于是就把他打死了。孙悟空把盘子捡起来,看见里面装着两颗仙丹。原来那个妖怪是来给黑风怪送仙丹的。孙悟空立刻就想出一个好主意,他让观音菩萨变成道士,自己变成了一颗仙丹。他们想让黑风怪吃了那颗

① 端 v. carry; hold sth. level with both hands
e.g. 他把盘子端到厨房去了。

仙丹，然后孙悟空就能在他的肚子里折磨①他了。观音菩萨把仙丹放进盘子里，然后就进山洞了。

观音菩萨走进山洞，把仙丹递给黑风怪，然后说："这颗仙丹是我辛苦做成的，它可以让您长生不老，希望……"观音菩萨还没有说完，黑风怪就把仙丹抢过去吃了。于是，孙悟空就进了黑风怪的肚子里。他在黑风怪的肚子里又踢❶又打，黑风怪疼得受不了了，只好把袈裟交了出来。然后，观音菩萨拿出一个小金圈儿[3]，套在了黑风怪的脑袋上。

孙悟空刚从黑风怪的肚子里出来，黑风怪就要打孙悟空。这时候，观音菩萨开始念咒语，黑风怪脑袋上的小金圈儿越来越紧❷，于是他赶紧向观音

① 折磨 v. torture
e.g. 他在监狱的时候，监狱里的人用很多办法折磨他。

❶ 踢 v. kick
e.g. 他把球踢出去了。

❷ 紧 adj. tight
e.g. 这件衣服穿上太紧了，不舒服。

Púsà qiúráo.
菩萨求饶①。

Jiāshā ná huílai le, Tángsēng hé Sūn Wùkōng
袈裟拿回来了，唐僧和孙悟空
líkāile sìmiào, yòu jìxù xiàng xī chūfā le.
离开了寺庙，又继续向西出发了。

① 求饶 v. beg for mercy
e.g. 他被打得实在受不了，只好求饶了。

一、词语注释 Notes

1. 黑风洞 Black Wind Cave
黑风怪住的山洞。
The cave where the Black Wind Demon lives.

2. 道士 Taoist
道教徒。
A believer in and/or practitioner of Taoism.

3. 金圈儿 Gold Ring
观音菩萨戴在黑风怪脑袋上的东西，只要一念咒语，金圈儿就会越来越紧，让人头疼难忍。
It is a device that Guanyin puts on the head of the Black Wind Demon; whenever the Ring-tightening Spell is recited, the ring will become tighter and tighter, causing severe pain to the wearer.

二、思考题 Reading Comprehension Questions

1. 孙悟空找谁帮忙收服黑风怪？
2. 最后袈裟有没有要回来？

十、收服猪八戒 [1]

故事正文 Story

有一天，唐僧和孙悟空走到了一个叫高老庄[2]的地方。高老庄的主人叫高太公[3]，他正在到处寻找能抓妖怪的人。孙悟空知道了，就找到高太公，对他说："我能抓妖怪。"于是，高太公就请唐僧和孙悟空到他家去了。

高太公有三个女儿。大女儿和二女儿几年以前就结婚了，三女儿也到了应该结婚的年龄。几个月以前，来了一个姓猪的人，长得又高又壮，高太公很喜欢他，于是就把三女儿嫁给了他。

刚开始的时候，这个女婿❶很能干，大家都很喜欢他。可是有一天，他喝醉❷后居然变成了一个妖怪。他长着猪的脑袋，人的身体，把大家都吓坏❸了。他每顿饭❹都吃得很多，还把三女儿锁在

❶ 女婿 n. son-in-law
e.g. 她对自己的女婿很满意。

❷ 喝醉 v. get drunk
e.g. 他一喝醉就唱歌。

❸ 吓坏 get freaked out; be frightened
e.g. 他说的话把我吓坏了。

❹ 饭 n. meal
e.g. 今天晚上几点吃饭？

西游记 Journey to the West

房间里，不让别人进去。孙悟空了解了情况，就跟高太公保证说："我一定能抓住那个妖怪，您放心吧。"趁妖怪不在的时候，孙悟空把三女儿救了出来。然后他变成了三女儿的样子，在房间里等妖怪回来。过了一会儿，妖怪回来了。他一边走一边喊："老婆，老婆，我回来啦。"孙悟空没有说话，举起金箍棒就打，吓得妖怪赶紧跑了出去。孙悟空变回了原来的样子，朝那个妖怪喊："你看我是谁！"妖怪一看，原来是孙悟空，更害怕了。他刚要跑，就被孙悟空抓住了。妖怪着急了，拿出自己的兵器和孙悟空打了起来。他一边打一边生气地说："你当年①在天宫上闹②了一场，今天又来欺负③我。"孙悟空觉得很奇怪，这个妖怪怎么会认识

① 当年 n. those days
e.g. 当年他也是个领导。
② 闹 v. disturb; create confusion
e.g. 不要闹了，大家都要休息了。
③ 欺负 v. bully
e.g. 小时候，他总欺负我。

自己？原来，这个妖怪以前是个神仙，有一天喝醉了，调戏①了嫦娥[4]。玉帝知道了，不但不让他当神仙了，而且还把他变成了猪。于是，他就变成了现在的样子。

妖怪和孙悟空打了一会儿就逃了。孙悟空一直在后面追。追到一个山洞，妖怪突然消失了。孙悟空打破❶了山洞的门，冲了进去。妖怪没有地方躲藏，生气地说："你这个讨厌的猴子！花果山那么好的地方你不住，为什么要到这里欺负我？难道是我丈人②到花果山把你找来的？"孙悟空回答说："当然不是。是观音菩萨叫我保护唐僧去取佛经，经过高老庄，正好遇到了你这个妖怪！"说完，举起兵器要打那个妖怪。可是，妖怪却突然放下兵器，对孙悟空解释说："我在这里就是为了等你们，

① 调戏 v. flirt
e.g. 他总是喜欢调戏女生。
② 丈人 n. wife's father
e.g. 他丈人不喜欢他。
❶ 打破 v. break
e.g. 他一不小心就把碗打破了。

Guānyīn Púsà ràng wǒ gēn nǐmen yìqǐ qù qǔ fójīng."
观音菩萨让我跟你们一起去取佛经。"
Sūn Wùkōng bǎ yāoguài dàihuíle Gāolǎo Zhuāng, gēn
孙悟空把妖怪带回了高老庄，跟
Tángsēng shuōle zhè jiàn shìqing. Tángsēng tīngle hěn gāoxìng.
唐僧说了这件事情。唐僧听了很高兴。
Tā gěi zhè gè yāoguài chóngxīn qǔle gè míngzi, jiào Zhū
他给这个妖怪重新取了个名字，叫猪
Bājiè. Yúshì, Zhū Bājiè jiù chéngle Tángsēng de dì-èr
八戒。于是，猪八戒就成了唐僧的第二
gè túdì, gēnzhe shīfu yìqǐ qù qǔ fójīng le.
个徒弟，跟着师父一起去取佛经了。

一、词语注释 Notes

1. 猪八戒 Monk Pig

原来是天宫上的天蓬元帅，因为犯错被贬下凡，错投猪胎，嘴脸与猪相似。他虽然懒惰、贪吃又好色，但也憨厚善良。他使用兵器是九齿钉钯，本领虽不及孙悟空，但在取经的路上也出了不少力，是唐僧的二徒弟。

He used to be the Marshal of the Heavenly Canopy at Heavenly Palace but is exiled to the mortal world for his wrongdoings. He is accidentally reincarnated as a pig so he ends up looking like one. Though lazy, gluttonous and lustful, he is also simple, honest and kind-hearted. His weapon is a nine-tooth rake. His is not as good as Monkey King in martial arts, but he contributes a lot on the journey. He is the second disciple of Monk Xuanzang.

2. 高老庄 Gao's Village

地名。

A place name.

3. 高太公 Squire Gao

高老庄的主人。

Owner of the Gao's Village.

4. 嫦娥 Chang'e

天上的仙女，长得非常漂亮。

A beautiful fairy in heaven.

二、思考题 Reading Comprehension Questions

1. 高太公为什么要找人抓妖怪？
2. 猪八戒为什么被变成了猪？

十一、铲除①黄风怪 [1]

① 铲除 v. eradicate; do away with
e.g. 大家一起努力,终于铲除了张三这个坏人。

故事正文 Story

有一天，唐僧和徒弟们走到一座山下，突然开始刮起大风。这时候，从山上跳出一只老虎。孙悟空急忙拿金箍棒朝老虎打去。这只老虎其实是妖怪变的。他打不过孙悟空，就把自己穿的虎皮❶扔到了远处❷的石头上，想把孙悟空和猪八戒吸引到那里，然后再去抓唐僧。

孙悟空和猪八戒以为石头上的是老虎，就一起跑过去打。石头上的虎皮被打破了，孙悟空才发现自己被骗了。于是，他赶紧拉着猪八戒往回跑，可是唐僧已经被妖怪抓走了。

于是孙悟空他们到处去找师父。走着走着，他们发现了一个山洞，山洞的大门上写着三个字"黄风洞[2]"。孙悟空觉得这里就是妖怪的家。他冲着

❶ 虎皮 tiger skin
e.g. 虎皮上有很好看的花纹。

❷ 远处 in the distance
e.g. 远处有一座小房子。

山洞喊:"妖怪,快放了我师父。"这时候,一个小妖怪走出山洞,和孙悟空打了起来。只打了一会儿,小妖怪就被打死了。突然,小妖怪不见了,地上只有一只死老虎,原来小妖怪也是老虎变的。

孙悟空把死老虎扔进山洞,黄风怪非常生气。他冲出山洞,和孙悟空打了起来。他们打了很久,可是谁也打不过谁。这时候,孙悟空拔①下一根毛,用它变出了一百多个孙悟空。他们都拿着金箍棒,朝黄风怪打过去。这时候,黄风怪吹了一口气❶,突然刮起一阵大风,把一百多个孙悟空都吹倒❷了。然后,黄风怪就回山洞去了。

孙悟空变成一只蜜蜂,飞进山洞。他在山洞里找到了被抓的唐僧。孙悟空飞到唐僧旁边,告诉唐僧不要

① 拔 v. pull
e.g. 孩子们正在拔萝卜。
❶ 气 n. breath
e.g. 他使劲儿吹了一口气,把蜡烛吹灭了。
❷ 吹倒 blow down
e.g. 大风把小树吹倒了。

害怕，自己会想办法救他的。

孙悟空刚要飞出山洞，就听到黄风怪对小妖怪们说："我只害怕灵吉菩萨[3]，其他人都没有办法抓我。"孙悟空听了非常高兴，赶紧去找灵吉菩萨帮忙。

孙悟空来到灵吉菩萨的家，跟灵吉菩萨说了黄风怪的事情。灵吉菩萨拿出飞龙宝杖[4]，和孙悟空一起来到山洞。孙悟空把黄风怪叫了出来。黄风怪又朝孙悟空吹了一口气，想把孙悟空吹倒。这时候，灵吉菩萨拿出飞龙宝杖，飞龙宝杖变成了一条龙，伸出两只爪子把妖怪抓住了。原来黄风怪是一只老鼠。

孙悟空想杀了老妖怪，灵吉菩萨说："还是让我把他带回去，让如来佛祖惩罚

<pre>
                                    tā ba."
                                    他吧。"
                        Sūn Wùkōng hé Zhū Bājiè cóng shāndòng li jiùchū shīfu,
                        孙 悟 空 和 猪 八 戒 从   山   洞 里 救出 师父,
            jìxù   xiàng xī chūfā.
            继续   向   西 出发。
</pre>

一、词语注释 Notes

1. 黄风怪 Yellow Wind Demon
原是灵山脚下得道的黄毛貂鼠，因为偷吃琉璃盏内的清油，怕被金刚捉拿，便跑到黄风岭占山为王。黄风怪手持一支三股钢叉，神通广大、法力无边，吹出的黄风更是所向无敌。
A yellow marten at the foot of Lingshan Mountain who achieved enlightenment by stealing and drinking the oil preserved in a holy glass container. Afterwards, it was so afraid of being caught by the guardians of the Buddha that it ran away to be the lord of the Yellow Wind Ridge. The Yellow Wind Demon, with his steel trident as a weapon, has far-reaching supernatural power. The yellow wind it blows is invincible.

2. 黄风洞 Yellow Wind Cave
黄风怪住的地方。
The place where the Yellow Wind Demon lives.

3. 灵吉菩萨 Lingji Bodhisattva
《西游记》八菩萨之一，住在小须弥山，法力广大，手使飞龙宝杖，并有如来赐给的定风珠等宝贝，多次帮助唐僧师徒取经途中降服妖怪。

One of the eight Bodhisattvas depicted in the novel. He resides in Mount Xiaoxumi (Little Mount Sumeru). He has a Flying-dragon Cane and several other treasures, including a Wind-fixing Pearl bestowed by the Buddha. He helps Monk Xuanzang and his disciples subdue demons several times with his supernatural powers.

4. 飞龙宝杖 Flying-dragon Cane

灵吉菩萨的宝物，可以变成金龙，降服妖怪。

It is a treasured weapon used by Lingji Bodhisattva, which can change into a flying dragon and be used to subdue a demon.

二、思考题 Reading Comprehension Questions

1. 黄风怪用什么办法抓走了唐僧？
2. 是谁帮助孙悟空抓住了黄风怪？

十二、收服沙和尚 [1]

故事正文 Story

唐僧和两个徒弟继续向西走。有一天,他们来到了一条河边。河边有一块石碑①,石碑上写着河的名字——"流沙河[2]"。流沙河又宽又深,唐僧没有办法过河,发愁地问两个徒弟:"现在应该怎么做?"

突然,水里跳出一个妖怪,朝唐僧抓去。孙悟空急忙把师父保护起来。猪八戒冲过去,和妖怪打了起来。孙悟空拿出金箍棒,也朝妖怪打去。妖怪看见孙悟空,赶紧跳进了河里。

猪八戒对孙悟空说:"我会游泳。你保护师父,我去河里抓妖怪。"猪八戒跳到河里,又和妖怪打了起来,从水里打到水上,一直打了四个小时。孙悟空着急了,他变成一只鹰,朝妖怪扑②去。

① 石碑 n. stone tablet; stele
e.g. 这块石碑上有人的名字。
② 扑 v. pounce; throw oneself on
e.g. 突然,那只大老虎向他扑了过来。

那个妖怪看见孙悟空冲了过来,吓得又跳进水里,再也不出来了。

孙悟空没有办法,只好对唐僧和猪八戒说:"师父,我去找观音菩萨帮忙。八戒,你保护师父。"

孙悟空找到观音菩萨,对她说明了情况。观音菩萨说:"那个妖怪原来也是天宫的神仙,后来因为犯了错,被贬①到流沙河,做了妖怪。不过他已经被我说服,答应和你们一起,保护唐僧去西天。"

观音菩萨派了一个徒弟和孙悟空一起回到流沙河。这个徒弟对着河水喊:"快出来吧,你的师父已经来了。"妖怪听到了,连忙从河里跳了出来。于是,唐僧又收了一个徒弟——沙和尚。

① 贬 v. banish, exile
e.g. 中国古代,官员如果犯了错,就会被贬到很远的地方去。

一、词语注释 Notes

1. 沙和尚 Monk Sand

又叫沙僧,原为天宫的卷帘大将,因犯错被贬下凡,成了流沙河里的妖怪,兵器是降妖宝杖,后来成为了唐僧的三徒弟。取经路上,他忠心耿耿、任劳任怨、踏踏实实、谨守本分,最终修成正果。

Once a celestial Curtain Lifting General at the Heavenly Palace, also called Monk Sha. Because of a blunder, he is exiled to the mortal world and becomes a demon in the Flowing-sand River. His weapon is the Demon Conquering Shovel. Later, he becomes the third disciple of Monk Xuanzang. On the way to Western Heaven, he is loyal, devoted, dependable and always bears hardships without any complaints. In the end, he returns to the celestial world.

2. 流沙河 Flowing-sand River

河的名字。

Name of a river where Monk Sand lives.

二、思考题 Reading Comprehension Questions

1. 孙悟空去找谁帮忙抓妖怪?
2. 唐僧的第三个徒弟是谁?

十三、猪八戒娶媳妇[①]

[①] 媳妇 *n.* wife
e.g. 他媳妇长得很漂亮。

故事正文 Story

唐僧带着三个徒弟继续往西走,每天十分辛苦。这天天气很热,四个人走了一天。猪八戒饿了,他看见远处有一个房子①,就让大家进去休息一会儿,吃一点儿东西。

房子很大。唐僧和徒弟们等了一会儿,一个妇女从房子里走出来,她是这里的主人。女主人很热情地请他们去家里吃饭。她对唐僧说:"我家很有钱,可是三年前丈夫死了,家里只剩我和三个女儿。我觉得你们四个人是好人,不如留下来,做我和三个女儿的丈夫吧!"

唐僧不愿意,他假装没有听到妇女说话,也不回答。猪八戒看见女主人很有钱,人又漂亮,就劝唐僧答应。唐僧生气了,教训了猪八戒。猪八戒不高兴地

① 房子 n. house
e.g. 我家的房子很大。

站到一边。女主人看见唐僧不答应,就去劝孙悟空。孙悟空让她去劝猪八戒。猪八戒害怕唐僧,不敢答应女主人。女主人看见他们谁都不答应,非常生气,离开了房间。

唐僧师徒坐在房间里,没有吃的东西。猪八戒说:"师父,你应该先答应她,等我们吃了饭,再想其他的办法。"过了一会儿,猪八戒走出房间。孙悟空害怕猪八戒答应女主人,就偷偷跟着猪八戒。

猪八戒走到院子里,看见女主人和三个女儿坐在一起聊天。猪八戒看见三个女儿十分漂亮,就决定答应女主人,做她的女婿。猪八戒走到女主人旁边,三个女儿看见陌生人都害羞地跑回自己的房间去了。猪八戒对女主人说:"妈妈,我想娶你的女儿。"女主人说:"你师父会答应吗?"猪八戒说:"他又不是我爸爸,没有权力管❶我。"

孙悟空听到猪八戒的话❷,赶紧跑回房间,告诉了唐僧。过了一会儿,猪八戒回到房间,孙悟空故意问他:"你去哪儿了?"猪八戒没有回答。这时候,女主人和三个女儿走进房间,问唐僧:"哪位愿意娶我的女儿?"唐僧、孙悟空、沙和尚都看着猪八戒。孙悟空对猪八戒说:"你不是都答应了吗,赶快去吧!"

猪八戒假装不愿意,可是人却已经走出房间,跟着女主人来到另❸一个房间。猪八戒着急地问:"什么时候结婚啊?"女主人说:"不知道你要娶哪个女儿啊?不如你先去试穿❹我女儿们的衣服,哪件衣服合适,你就娶哪个女儿。"猪八戒高兴

❶ 管 *v.* be in charge; attend to
e.g. 你别管那么多事。
❷ 话 *n.* word
e.g. 你说的话我都不信。
❸ 另 *pron.* another, other
e.g. 他还有另外一个名字。
❹ 试穿 try on
e.g. 这件衣服很好看,你试穿一下。

西游记 Journey to the West

地问："如果三件衣服都合适，是不是就能娶三个女儿啊？"女主人没有回答，只让猪八戒赶紧把衣服穿上。猪八戒刚穿上衣服，衣服就变成了一张网①，把猪八戒绑了起来。

唐僧、孙悟空和沙和尚吃了饭，就在房间里睡觉。早上起来，唐僧发现他们躺在树林里，昨天住的房子消失了。唐僧十分害怕，急忙叫醒❶孙悟空和沙和尚。原来房子里的女主人和三个女儿是由黎山老母[1]、观音菩萨、普贤菩萨[2]和文殊菩萨[3]变的，来试试他们取佛经的决心。

这时候，树上传❷来猪八戒的声音："师父，救我！"原来，猪八戒被绑起来，吊②在树上了。孙悟空把猪八戒放下来。猪八戒跟唐僧承认了错误，并且

① 网 n. net
e.g. 他用网捕了很多鱼。
② 吊 v. hang
e.g. 村民们把小偷吊在树上。
❶ 叫醒 wake up
e.g. 我明天早上要上学，你八点之前叫醒我。
❷ 传 v. pass
e.g. 他把球传给了我，我又传给了他。

biǎoshì jiēshòu jiàoxun, yào gēn shīfu qù qǔ fójīng.
表示接受教训，要跟师父去取佛经。
Yúshì, Tángsēng jìxù dàizhe sān gè túdi, xiàng xītiān
于是，唐僧继续带着三个徒弟，向西天
zǒuqù.
走去。

一、词语注释 Notes

1. 黎山老母 Old Mother of Lishan Mountain
神仙名。
Name of an immortal.
2. 普贤菩萨 Samantabhadra
菩萨之一。
One of the bodhisattvas.
3. 文殊菩萨 Manjusri
菩萨之一。
One of the bodhisattvas.

二、思考题 Reading Comprehension Questions

1. 房子的女主人给唐僧提了什么建议？
2. 面对女主人的提议，大家都是怎么做的？
3. 女主人和三个女儿是什么变的？

十四、偷吃人参果 [1]

故事正文 Story

在风景优美的万寿山五庄观[2]里，有一位本领很大的神仙，叫镇元大仙[3]。五庄观里有一棵人参果树，树上的果实长得很奇怪，形状就像婴儿①一样，叫人参果，人吃了可以长生不老。不过，人参果树三千年才开一次花，三千年才结一次果，果实要再过三千年才能成熟，并且每次都只长二十八个人参果，所以非常珍贵②。

有一天，镇元大仙有事情要离开，出发的时候，他告诉自己的徒弟："如果唐僧来了，你们就摘下两个人参果给他吃。"

没过多久，唐僧果然来到五庄观。童子[4]问清楚唐僧的身份，就按照师父说的，摘了两个人参果，送给唐僧。

① 婴儿 n. baby, infant
e.g. 婴儿的皮肤特别好。
② 珍贵 adj. precious
e.g. 这是妈妈送我的礼物，所以很珍贵。

可是唐僧却被人参果的样子吓坏了："这不是孩子吗？怎么能吃呢？赶快拿走。"无论两个童子怎么解释，唐僧都不吃。于是童子们就把人参果拿回去吃了，还笑话唐僧傻。这一情景正好被猪八戒看见了，他看童子们在吃人参果，自己也想吃，就赶紧去找孙悟空，让孙悟空偷几个给他吃。孙悟空自己也想尝尝人参果，就答应了八戒的请求。

可是要想摘人参果，必须得用金击子[5]。于是，孙悟空就悄悄来到放金击子的房间，拿走了金击子，然后到院子里去摘人参果。人参果树很高很大，果实却很少。孙悟空找到一个人参果，就跳上树，用金击子一敲，那人参果就掉下来了。孙悟空也赶紧跳下来，可是却找不到那个人参果了。孙悟空怀疑是土地神把果实偷走了,就把土地神找来,让他把人参果交出来。土地神委屈地说:"人参果不是我偷的。人参果遇到土就会进到土里去,摘它的时候必须得用布来接。"孙悟空明白了。于是,他又跳上树,这一次,他先用金击子敲人参果,等果实掉下再用自己的衣服去接。他一共敲下三个人参果,分别给了猪八戒和沙僧,又留了一个给自己。八戒拿到人参果,一口就吞①下了,连人参果是什么味道都没尝出来。

就在他们吃人参果的时候,两个童子正好经过他们的房间,在门外听见了他们说的话,急忙跑到院子里去数,发现树上果然少了四个人参果。于是,两个童子就去找唐僧,还骂他是偷人参果的贼②。唐僧把徒弟们叫来,问他们是否

① 吞 v. swallow
e.g. 他一口就把桃吞下去了。
② 贼 n. thief
e.g. 他不是贼,你们都误会他了。

偷了人参果。猪八戒不承认,沙僧也不说话,孙悟空站出来,承认自己摘了人参果,分给大家吃了,并且还诚恳地向童子道歉:"真对不起,是我们不好,拿了你们三个人参果。可是实在是因为我们以前没吃过,所以……"没等孙悟空说完,小童就说:"你胡说。树上少了四个人参果,你怎么说只偷了三个?你不但是个贼,而且还是个骗子①。"猪八戒听童子们说孙悟空偷了四个人参果,只拿出来三个,就也在旁边说:"你这个不老实的猴子,骗我和沙僧说你只摘了三个,原来那一个是你自己吃了啊。"孙悟空听了非常生气。晚上等大家都睡觉了,他悄悄跑到院子里,把那棵人参果树推倒了。然后他把师父和师弟②们都叫醒了,带着他们离开了

① 骗子 n. swindler, cheat
e.g. 骗子把他的钱都骗走了。
② 师弟 n. junior fellow apprentice (student)
e.g. 他是我的师弟,我们经常在一起学习。

五庄观，并且还拿出来两个瞌睡虫[6]，放在童子们的脸上，让他们一直睡觉。

第二天早上，镇元大仙回来了，他发现人参果树被推倒了，非常生气，就又把唐僧他们抓回来了。然后他命令小童用鞭子打唐僧，孙悟空赶紧说："果实是我偷的，树也是我推倒的，我师父都不知道，你还是打我吧。"小童使劲儿打孙悟空，可是孙悟空却一点儿都不在乎。晚上等大家都睡觉了，孙悟空找来四根木头，又把木头变成了他们自己的样子，然后带着大家逃了。可是没跑多远，镇元大仙就又把他们抓回来了。镇元大仙知道孙悟空厉害，无论怎么打都不疼，就命令小童打唐僧。孙悟空连忙说："不要打我师父，他受不了的。"镇元大仙说："你推倒我的树，就一定要赔偿，不然我就打你师父。"孙悟空回答说："好吧。如果我能治好❶你的树，你就放了我们。"镇元大仙同意了。

于是，孙悟空飞到天上去找神仙帮忙，可是大家都没办法。最后，孙悟空只好去找观音菩萨。菩萨先是批评了孙悟空，然后又跟着孙悟空一起来到了五庄观。

菩萨有一个宝瓶[7]，宝瓶里的水可以治好人参果树。当菩萨把水洒到树上时，人参果树果然被治好了，又重新长出叶子，结出果实。两个小童又数了一遍，树上有二十三个人参果，证明孙悟空没有骗人。镇元大仙看见人参果树被治好了，高兴极了。他命令小童从树上摘下几个果实，请大家一起吃人参果。唐僧相信了这是果实，不是

❶ 治好 cure
e.g. 他的病终于被治好了。

háizi, jiù yě chīle yí gè rénshēnguǒ.
孩子，就也吃了一个人参果。
Shìqing zhōngyú shùnlì jiějué, Tángsēng shītú yòu chūfā le.
事情终于顺利解决，唐僧师徒又出发了。

一、词语注释 Notes

1. 人参果 Ginseng Fruit
一种仙果，形状如婴儿，有四肢和五官。据说要九千至一万年才能成熟，人吃了可以长寿。
A fruit shaped like an infant with arms and legs as well as the five sense organs. It's said that after growing for nine to ten thousand years, the fruit will ripen. Whoever eats it will live a long life.

2. 万寿山五庄观 Wuzhuang Temple on Longevity Mountain
镇元大仙的住处。
A place where the Immortal Zhenyuan lives.

3. 镇元大仙 Immortal Zhenyuan
一位法力强大的神仙，道号镇元子，住在五庄观。他道术精深，连观世音菩萨也让他三分。他种的人参果九千年成熟一次，闻一闻神奇的人参果就能活三百六十岁，吃一颗能活四万七千年。镇元大仙三绺美髯，貌似童颜。
An immortal with great power. He lives in Wuzhuang Temple and has the Taoist name of Zhenyuanzi. He has such great magic power that

even Guanyin Bodhisattva sometimes let him have his own way. The ginseng fruit he grows ripens every 9,000 years. If one smells the fruit, he can live for 360 years. If one eats one, he can live for 47,000 years. He wears three handsome wisps of a beard and looks quite young.

4. 童子 Boy

未成年的男孩子，这里指镇元大仙的徒弟。

A young boy. Here it refers to the servant of the Immortal Zhenyuan.

5. 金击子 Golden Hammer

专门用来采摘人参果的宝物。

A treasure used especially for gathering the ginseng fruit.

6. 瞌睡虫 Sleep Insect

可以让人睡觉的虫子。

A kind of insect that can make people sleep.

7. 宝瓶 Vase of Purity

观音菩萨的法宝。

One of Guanyin's magical treasures.

二、思考题 Reading Comprehension Questions

1. 唐僧为什么不吃人参果？
2. 人参果需要多少年才能成熟？
3. 童子为什么说孙悟空是骗子？

十五、三打白骨精 [1]

故事正文 Story

唐僧师徒❶离开五庄观后,走进了一座山。山上都是树,还有野兽①,他们走了很久也没有看见一个人。唐僧又累又饿,就让孙悟空去找吃的。其他人留下来等他回来。

这座山上住着一个妖怪,叫白骨精。她是由一堆白骨变成的。这个白骨精早就听说②吃了唐僧的肉❷可以长生不老,于是就每天都盼望唐僧经过这座山。如今唐僧终于到了,白骨精高兴极了,早❸就藏❹在树后,准备抓唐僧了。可是她害怕唐僧的徒弟们,尤其是孙悟空,就一直不敢去抓。等孙悟空走了,白骨精开始行动了。

她把自己变成了一个漂亮的姑娘,提着一个篮子③,向唐僧走来。八戒

① 野兽 n. beast
e.g. 森林里有很多野兽。
② 听说 v. hear about; be told
e.g. 我听说他结婚了。
③ 篮子 n. basket
e.g. 他把食物放在了篮子里。
❶ 师徒 n. master and apprentice; teacher and student
e.g. 他们师徒感情很好。
❷ 肉 n. meat
e.g. 我喜欢吃蔬菜,不喜欢吃肉。
❸ 早 adj. early
e.g. 他每天都很早就起床。
❹ 藏 v. hide
e.g. 你把我的书藏在哪儿了?

闻到了食物的味道，抬头①一看，原来是个漂亮的姑娘。他笑着跑到姑娘的旁边问："姑娘，你要去哪儿啊？"白骨精很高兴，因为八戒没有发现她是个妖怪。她温柔地回答八戒说："刚才我经过这里的时候，看见了你们，猜到你们一定又累又饿，就从家带了一些吃的，给你们送来。"

大家刚要吃饭，孙悟空就回来了。他立刻就看出那个姑娘是妖怪变的，举起金箍棒就要打。白骨精也很厉害，她看孙悟空要打她，就变成烟雾②飞走了，还把一个假尸体③扔在地上。

唐僧批评孙悟空不应该打死人。悟空把妖怪的篮子拿过来让唐僧看，原来篮子里装的根本不是吃的，而是癞蛤蟆④，唐僧看了，才相信那姑娘是个妖怪。猪八戒没有吃到饭，不高兴地

① 抬头 v. raise one's head
e.g. 他学习的时候很专心，一直没有抬头。
② 烟雾 n. smog, smoke
e.g. 被污染的空气里有很多烟雾。
③ 尸体 n. corpse; dead body
e.g. 警察在河边发现一具尸体。
④ 癞蛤蟆 n. toad
e.g. 我很讨厌癞蛤蟆。

说:"师父,你不要相信他,他本领那么大,一定是他把食物变成癞蛤蟆的。"
唐僧居然相信了,开始念紧箍咒,孙悟空疼得受不了,赶紧承认是自己的错。
唐僧对孙悟空说:"你要是再打死人,我就再多念几遍。"

白骨精还是想吃唐僧,于是又变成一个老婆婆①,哭着找女儿。八戒说:"糟糕了!师兄打死的一定是她的女儿。"悟空仔细一看,这个老婆婆还是刚才那个妖怪变的,他没有犹豫,举起金箍棒就打。白骨精又变成烟雾飞走了,扔下一个假尸体,用来骗唐僧。

唐僧看孙悟空又打死了人,更生气了。他不听孙悟空的解释,开始念紧箍咒。孙悟空疼得用头撞树,沙僧赶紧请求师父别念了,唐僧才不念了。

① 老婆婆 n. granny (addressing an old woman)
e.g. 那位老婆婆很亲切。

西游记 Journey to the West

唐僧问孙悟空:"你为什么还要打死人?我说的话你都忘了吗?"

孙悟空说:"我打的是妖怪。"

唐僧生气地说:"你胡说!怎么可能有那么多妖怪?你既然不承认错误,那你就走吧,不要跟着我了。"

孙悟空回答说:"师父如果不要我了,就请您把我的金箍摘下来。"金箍是观音菩萨给的,唐僧只知道怎么念紧箍咒,却不知道怎么把金箍取下。没有办法,唐僧只好答应孙悟空暂时不赶他走,但是如果再打死人,就一定要走。

连续失败了两次,白骨精很生气,她一定要想个办法,让唐僧赶走孙悟空。这一次,她变成了一个老公公①。八戒看见老公公,对唐僧说:"师父,老公公来找女儿和老婆了。"虽然孙

---

① 老公公 *n.* grandpa (addressing an old man) e.g. 老婆婆跟老公公在一起生活了60年了。

悟空已经看出那个老公公是妖怪，但是害怕师父又念紧箍咒，就没有立刻行动。那个白骨精却走过来拉着唐僧，说："你们打死了我女儿和老婆，不能走！"孙悟空着急了，举起金箍棒就要打。可是那个妖怪却躲❶到唐僧后面了。

孙悟空害怕妖怪又会逃，就叫来土地神，让他拦住妖怪，然后举起金箍棒就打。唐僧看孙悟空又要打人，赶紧念紧箍咒，疼得孙悟空扔下了金箍棒。妖怪看孙悟空那么难受，就站在旁边笑。这时候，孙悟空突然举起金箍棒，一棒就打死了妖怪。

被打死的妖怪变成了一堆白骨❷。唐僧这时候才相信孙悟空。可是猪八戒却又在旁边说："师兄是害怕您念紧箍咒，才变出一堆白骨骗您的。"

❶ 躲 v. hide oneself
e.g. 他害怕妈妈打他，就躲到了爸爸后面。

❷ 白骨 n. white bone; skeleton
e.g. 这个地方死了很多人，路边都是白骨

<ruby>唐<rt>Tángsēng</rt></ruby> <ruby>僧<rt></rt></ruby> <ruby>听<rt>tīngjian</rt></ruby> <ruby>见<rt></rt></ruby> <ruby>后<rt>hòu</rt></ruby>，<ruby>又<rt>yòu</rt></ruby> <ruby>不<rt>bù</rt></ruby> <ruby>相信<rt>xiāngxìn</rt></ruby> <ruby>孙悟空<rt>Sūn Wùkōng</rt></ruby> <ruby>了<rt>le</rt></ruby>。<ruby>不管<rt>Bùguǎn</rt></ruby> <ruby>孙悟空<rt>Sūn Wùkōng</rt></ruby> <ruby>怎么<rt>zěnme</rt></ruby> <ruby>解释<rt>jiěshì</rt></ruby>，<ruby>唐僧<rt>Tángsēng</rt></ruby> <ruby>都<rt>dōu</rt></ruby> <ruby>不<rt>bù</rt></ruby> <ruby>听<rt>tīng</rt></ruby>，<ruby>坚持<rt>jiānchí</rt></ruby> <ruby>要<rt>yào</rt></ruby> <ruby>赶<rt>gǎn</rt></ruby> <ruby>孙悟空<rt>Sūn Wùkōng</rt></ruby> <ruby>走<rt>zǒu</rt></ruby>。<ruby>孙悟空<rt>Sūn Wùkōng</rt></ruby> <ruby>没有<rt>méiyǒu</rt></ruby> <ruby>办法<rt>bànfǎ</rt></ruby>，<ruby>只好<rt>zhǐhǎo</rt></ruby> <ruby>离开<rt>líkāi</rt></ruby> <ruby>了<rt>le</rt></ruby>。

一、词语注释 Notes

1. 白骨精 White Bone Demon

含冤而死又不能投胎的鬼魂，擅长变化，狡猾又通晓人类的弱点，变化的女子形象眉眼生动而妩媚多娇，是个非常著名的妖怪，在中国甚至亚洲的其他国家可以说是家喻户晓。

She is a ghost who died because of a false charge and couldn't be reincarnated. The monster is adept at transforming. She is also crafty and has a good understanding of human beings' weaknesses. When she disguises herself as a girl, she appears to be quite attractive. She is well-known not only in China but also across Asia.

二、思考题 Reading Comprehension Questions

1. 白骨精为什么想抓唐僧？
2. 白骨精变化了几次？分别变成了什么？
3. 唐僧为什么要赶孙悟空走？

十六、智斗黄袍怪 [1]

故事正文 Story

孙悟空走后,猪八戒和沙僧保护唐僧继续往西天走。

有一天,他们走到了一片森林里。唐僧肚子饿了,就派猪八戒去找吃的。猪八戒走了很久也没有找到吃的,就躺下来休息一会儿,没想到竟然睡着了。唐僧等了很久也没有看见八戒回来,就让沙僧去找他。可是沙僧也一直不回来。于是,唐僧就去找他们。走着走着,他走到了一座黄金宝塔[2]下。唐僧好奇地走进去,吃惊地发现宝塔里有一个妖怪,正躺在床上睡觉呢。唐僧刚想逃,就被妖怪抓住了。

沙僧找到八戒后就回来了,可是却找不到唐僧。他们害怕师父有危险,赶紧到处找。一会儿,他们就找到了那个宝塔。

八戒走到宝塔前面，举起兵器就开始砸①门。妖怪听见砸门的声音就冲了出来，和八戒、沙僧打了起来。唐僧听到徒弟们的声音很高兴，可是他在宝塔里不知道怎么出去。这时候，有一个姑娘朝他走过来，问他是谁，怎么到宝塔里的。唐僧觉得她不像妖怪，就把事情告诉了她。那个姑娘告诉唐僧，她本来是宝象国[3]的公主，名字叫百花羞[4]，十三年前被黄袍怪抢来当妻子。百花羞答应救唐僧出去，但是有一个条件，就是给她的父亲带一封信。唐僧逃出去后，找到八戒和沙僧，三个人一起去找宝象国的国王。国王看到信后，非常伤心，请求唐僧师徒把公主救回来。猪八戒自信地对国王说："我本领

① 砸 v. smash
e.g. 他把门砸破了。

大,能救出公主。"吃饱后,他就带着沙僧一起去找黄袍怪了。可是,他们的本领没有黄袍怪大,沙僧被黄袍怪抓起来了,八戒逃跑了。

那个黄袍怪变成了一个英俊的小伙子,来到宝象国。他告诉国王,自己是国王的女婿,唐僧才是妖怪。为了证明自己说的是真的,他把唐僧变成了一只老虎,国王就相信了他。

唐僧变成老虎后,被关在了笼子①里。白龙马听说了这件事情后,决定去救师父。他变成了一个漂亮的姑娘,来到黄袍怪的房间,给黄袍怪跳舞。他想趁黄袍怪不注意的时候杀了黄袍怪,可是却被黄袍怪打伤了,只好逃跑了。

到了晚上,猪八戒回来了。他找了很久,也没有找到师父。于是,他就背起

① 笼子 n. cage
e.g. 有些动物园把动物都关在笼子里。

行李要离开。这时候白龙马出现了，把发生的一切都告诉了猪八戒，并且让八戒去把孙悟空找回来。可是八戒却不愿意去，因为他害怕孙悟空会因为白骨精的事情恨他。白龙马说："孙悟空是个重感情①的人，他一定会回来救师父的。"

猪八戒没有办法，只好去花果山找孙悟空。到了花果山，孙悟空假装不认识他，故意问："你是谁？为什么来花果山？"猪八戒回答："师兄②，你才走了几天，怎么就不认识我啦？"孙悟空没有理③他。八戒继续说："师兄，跟我回去吧，师父想你了。"悟空说："到底怎么了，快老实说。"八戒回答说："师父和沙僧被黄袍怪抓了，我本领小没有办法救他们。师兄，你跟我回去吧。"孙悟空听后，立刻跟八戒去救唐僧了。

① 感情 n. emotion, feeling
e.g. 他是个重感情的人。
② 师兄 n. senior male fellow apprentice/student
e.g. 他比我早一年上大学，是我的师兄。
③ 理 v. pay attention
e.g. 他说了很久，我都没有理他。

他们先来到了宝塔里，救出了沙僧和公主。然后又让八戒和沙僧去宝象国，把黄袍怪引①来。他自己变成了公主的样子，在宝塔门前哭。黄袍怪看见了，连忙问："老婆，你怎么了？"假公主回答说："你几天不回来，我想你想得头也疼，心脏也疼。"黄袍怪赶紧把自己的仙丹拿出来给公主治病。没想到，假公主刚拿到仙丹，就变回了孙悟空。

黄袍怪举起兵器就打孙悟空，可是孙悟空太厉害了，一会儿，黄袍怪就逃跑了。孙悟空一直在后面追，终于抓到了黄袍怪，并且把他交给了天上的神仙。

最后，孙悟空来到宝象国，把唐僧救了出来，师徒和好②了，又一起向西天出发了。

① 引 v. lead, guide
e.g. 小心一点儿，不要把敌人引来。

② 和好 v. be on good terms; reconcile
e.g. 几天后，他们又和好了。

一、词语注释 Notes

1. 黄袍怪 Yellow Robe Demon
原来是天上的神仙，因为与仙女相爱，于是和仙女约定一起到人间去。他到人间后变成了妖怪，仙女成了宝象国的公主。当他去找公主的时候，公主根本不认识他，于是他把公主抢到身边，做了自己的妻子。
He used to be a god in heaven, but fell in love with a fairy maiden with whom he made a pact to be reborn as mortals so they could pursue their love. He was reincarnated as a demon, while she was reincarnated as princess of Elephantia. The demon searched for, and found, the princess; though the princess did not recognize the demon. He carried her off to his cave and forced her to marry him.

2. 黄金宝塔 Golden Pagoda
黄袍怪住的地方。
The name of the place where Yellow Robe Demon lives.

3. 宝象国 Kingdom of Elephantia (Baoxiang)
国家的名字。
The name of a country.

4. 百花羞 Prettier-than-a-flower
原来是天上的仙女，投胎到人间后做了宝象国的公主。
The name of the princess of Elephantia who was formerly a

fairy maiden in heaven but was reincarnated as a princess in the king's palace.

二、思考题 Reading Comprehension Questions

1. 唐僧被谁抓走了？
2. 是谁在黄金宝塔里偷偷放走了唐僧？
3. 最后是谁救了唐僧？

十七、莲花洞[1]遇险

故事正文 Story

一天，唐僧师徒来到一个地方。这里有一个莲花洞，里面住着两个妖怪：金角大王和银角大王[2]。妖怪听人说，吃了唐僧的肉可以长生不老，所以他们一直在莲花洞等着唐僧。

银角大王知道孙悟空很厉害，自己打不过孙悟空，就想出一个办法。他变成一个受伤的道士，坐在石头上喊："救我，救我！"唐僧觉得这个道士很可怜，就把马让给他骑。假道士说："我的腿受伤了，不能骑马。"唐僧就让孙悟空背着道士走。

孙悟空悄悄地对假道士说："你这个妖怪，也敢来骗我，是不是想抓我师父啊？"他背着假道士，故意走得很慢，想等唐僧看不见了，杀死这个妖怪。妖怪念起咒语，从别的地方搬来一座山，放在孙悟空的背上。孙悟空背着山继续往前走。妖怪赶紧搬来另一座山，孙悟空背着两座山，还是继续往前走。妖怪又念起咒语，把泰山[3]搬来放到孙悟空的背上，终于把孙悟空压在了泰山下。

银角大王趁着这个机会追上唐僧，把他抓了起来。猪八戒和沙和尚也被抓了。银角大王带着唐僧、猪八戒和沙和尚回到了莲花洞。

金角大王对银角大王说："我们虽然抓了唐僧，但是孙悟空还没有死。只有杀了孙悟空，我们才能放心地吃唐僧。"银角大王说："这很容易，派两个小妖怪拿着红葫芦[4]和玉净瓶[5]，把孙悟空装到这两个宝贝里就行了。"

孙悟空被压在泰山下，他知道师父有

危险，急忙念起咒语，把泰山搬走，然后赶紧去救师父。这时候，他看见前面有两个小妖怪朝他走来。孙悟空马上变成了一个老道士，对小妖怪说："我是神仙，想在这里找一个徒弟，跟我学本领，谁愿意跟我去？"小妖怪们都说愿意。孙悟空问："你们是从哪儿来的？"小妖怪说："从莲花洞来。"孙悟空又问："你们要去哪儿啊？"小妖怪回答："去抓孙悟空。"孙悟空假装吃惊的样子，对他们说："孙悟空很厉害啊，你们两个能把他抓起来吗？"一个妖怪说："抓他很容易，银角大王已经把孙悟空压在泰山下了。"另一个妖怪说："金角大王和银角大王给了我们两个宝贝，我们可以把孙悟空装进宝贝里。"孙悟空好奇地问："是什么宝贝啊？"

西游记 Journey to the West

小妖怪说："是红葫芦和玉净瓶。"孙悟空接着问："怎么用宝贝装他啊？"小妖怪说："我们看见孙悟空，就把宝贝对着他，叫他的名字，只要他答应了，就会被装进宝贝里，一会儿就化①成水了。"

孙悟空想：这个宝贝真厉害，我要想一个办法把它们骗来。孙悟空悄悄拿出一根毛，变成一个很大的红葫芦，对小妖怪说："你的宝贝只能装人，我的红葫芦能装天空。"小妖怪不相信，孙悟空就命令神仙用布把天空遮②起来，顿时③天❶就黑了。孙悟空对小妖怪说："我把天空装进红葫芦里了。"小妖怪害怕地说："我们相信你了，赶快把天空从宝贝里放了吧。"孙悟空再命令神仙把布拿开，周围又亮了。小妖怪说："我们换换宝贝吧。"孙

① 化 v. melt, dissolve
e.g. 春天来了，山上的雪化了。

② 遮 v. cover; hide from view
e.g. 他把窗户用布遮起来了。

③ 顿时 adv. suddenly, immediately
e.g. 我听了他的话，顿时就不知道说什么了。

❶ 天 n. sky, heaven
e.g. 再不走，天就黑了。

悟空说:"不换。"小妖怪说:"我们用两件宝贝换你的红葫芦。怎么样?"孙悟空假装很不想答应的样子,拿走了小妖怪的两件宝贝,把假的红葫芦给了小妖怪。

等小妖怪看不见了,孙悟空拿着两件宝贝,连忙赶到莲花洞去救唐僧。

一、词语注释 Notes

1. 莲花洞 Lotus Flower Cave
妖怪金角大王和银角大王住的山洞。
A place where Golden Horned King and Silver Horned King live.

2. 金角大王和银角大王 Golden Horned King and Silver Horned King
金角大王原来是太上老君看金炉的童子,银角大王原来是给太上老君看银炉的童子。菩萨为了试验唐僧西天取经的决心,向太上老君借来金、银二童,变作妖怪磨砺唐僧取经的决心。
They used to be boys helping the Grand Supreme Elderly Lord look after his gold furnace and silver furnace respectively. When

Guanyin Bodhisattva turned to the Grand Supreme Elderly Lord for two boys, they were turned into monsters to test Xuanzang's determination for retrieving Buddhist scriptures.

3. 泰山 Mount Tai

五岳之首，在中国山东省。

It is located in Shandong Province and is one of the "Five Great Mountains in China".

4. 红葫芦 Crimson Gourd

太上老君用来装仙丹的法器，威力极大，只要叫谁的名字，那个人答应了，他就会立刻被装进红葫芦里，再贴上太上老君的符咒，不一会儿就会化成水。

A container where the Grand Supreme Elderly Lord stores the elixirs. It has vast magical power. If someone answers when his name is called, he will be absorbed into the gourd. If the Grand Supreme Elderly Lord's incantation is attached to the gourd, the people inside will quickly dissolve into water.

5. 玉净瓶 Amber Purifying Pot

太上老君炼丹盛水的法器，为银角大王所保管。玉净瓶的法力和红葫芦大致一样，都能将人吸入法宝中。

A container used by the Grand Supreme Elderly Lord to hold water for distilling elixirs. It is kept by Silver Horned King.

People can be absorbed into the pot, which is similar to the Crimson Gourd.

二、思考题 Reading Comprehension Questions

1. 是谁抓走了唐僧？
2. 他用什么办法抓了唐僧？
3. 妖怪想用来抓孙悟空的宝贝是什么？

十八、智斗银角大王

故事正文 Story

金角大王和银角大王抓了唐僧，还想用红葫芦和玉净瓶杀死孙悟空，可是它们都被孙悟空骗走了。金角大王非常生气，银角大王劝他："没关系，我们派人去请妈妈来，和我们一起吃唐僧。让妈妈把幌金绳[1]拿来，我们用幌金绳再抓孙悟空。"于是，金角大王派了两个小妖怪去压龙洞[2]请妈妈。

孙悟空知道这件事情以后，想出了一个办法。他杀死了那两个小妖怪，然后变成小妖怪的样子，朝压龙洞走去。

孙悟空来到压龙洞，请老妖怪去莲花洞吃唐僧。老妖怪拿着幌金绳，高兴地跟着孙悟空往莲花洞走去。路上，孙悟空趁老妖怪不注意，杀死了她，将幌金绳收起来，自己变成老妖怪的样子，来到了莲花洞。

金角大王和银角大王没有看出妈妈是假的。可是猪八戒却看见了孙悟空的尾巴，他马上就猜出老妖怪是孙悟空变的，对着孙悟空笑了起来。孙悟空对金角大王和银角大王说："儿子啊，我今天不想吃唐僧，就想吃猪八戒的耳朵。"猪八戒听到了，赶紧喊："猴子，你竟然想吃我的耳朵？"

金角大王和银角大王一听，就知道自己被骗了。他们和孙悟空打了起来。孙悟空拿出幌金绳来绑银角大王。可是，银角大王念了一个咒语，幌金绳没有绑银角大王，反而把孙悟空绑了起来。金角大王赶紧把孙悟空骗去的红葫芦和玉净瓶拿走了。

孙悟空趁金角大王和银角大王不

注意，弄断绳子，逃出了莲花洞。他站在莲花洞外大声①喊："孙悟空的弟弟悟空孙[3]来了！"银角大王拿着红葫芦走出莲花洞，对着孙悟空喊："悟空孙！"孙悟空想："悟空孙是一个假的名字，我答应也没有危险。"于是，他对银角大王喊："我是。"可是，他还是被收进了红葫芦。过了一会儿，银角大王以为"悟空孙"已经化成了水，就打开红葫芦看了看。孙悟空趁着这个机会，变成一只蜜蜂飞了出来。

孙悟空又变成一个小妖怪，站在银角大王的旁边，用假的红葫芦换了真的红葫芦。然后他又来到莲花洞外大声喊："空悟孙[4]来了！"银角大王刚走出莲花洞，孙悟空就突然对他喊："银角大王！"银角大王不小心答应了，马上被

① 大声 n. loud voice
e.g. 你别这么大声说话，大家都睡了。

收进了红葫芦里。孙悟空又用这个方法抓了金角大王，然后把师父和师弟们都救了出来。

孙悟空得到❶了红葫芦、玉净瓶和幌金绳三件宝贝，高兴地跟着唐僧继续向西走去。刚走了一会儿，四个人就被太上老君拦住了。原来，这三件宝贝都是太上老君的。金角大王和银角大王原来是太上老君的徒弟。太上老君向孙悟空要回了三件宝贝，然后就带着两个徒弟离开了。

❶ 得到 v. obtain
e.g. 经过努力，他终于得到了他想要的东西。

一、词语注释 Notes

1. 幌金绳 Golden Canopy Rope
本是太上老君的一根勒袍的腰带，被菩萨放在压龙山压龙洞的九尾狐狸精那里。故事中，金角大王和银角大王的妈妈就是九尾狐狸精变的。
A belt used by the Grand Supreme Elderly Lord to fasten his robe. It

is kept by Nine-tail Fox in the cave of Dragon Suppressing Hill under the arrangement of Guanyin. In the story, the mother of the two monster kings was transformed from Nine-tail Fox.

2. 压龙洞 Dragon Suppressing Cave

地名。

The name of a cave.

3. 悟空孙 Wukong Sun

孙悟空为了骗金角大王和银角大王用的假名字。

It is a false name used by Monkey King to fool Golden Horned King and Silver Horned King.

4. 空悟孙 Kongwu Sun

孙悟空为了骗金角大王和银角大王用的假名字。

It is another false name used by Monkey King to fool Golden Horned King and Silver Horned King.

二、思考题 Reading Comprehension Questions

1. 金角大王和银角大王想请谁来一起吃唐僧肉？
2. 孙悟空是怎么拿到幌金绳的？
3. 金角大王和银角大王是谁变的？

十九、收服红孩儿 [1]

故事正文 Story

有一个住在火云洞[2]的妖怪，叫红孩儿。他的三昧真火[3]十分厉害。红孩儿听别人说，吃了唐僧肉可以长生不老，于是他每天等着唐僧来。

一天，红孩儿在天空中看见唐僧、孙悟空、猪八戒和沙和尚来到火焰山，非常高兴，忘记躲藏起来。孙悟空看见天空中有一朵红颜色的云，就知道云里肯定有妖怪。他对唐僧说："师父，不要走了，妖怪来了。"

红孩儿看见唐僧被三个徒弟保护起来，他没有办法抓唐僧，就打算先接近唐僧，再想办法抓他。红孩儿变成了一个七岁的孩子，他用绳子绑住了自己的手❶和脚，把自己吊在树上，冲着唐僧喊："救救我，救救我啊！"

❶ 手 n. hand
e.g. 别用手去抓米饭。

唐僧听到声音,马上来到树下,看见一个孩子被吊在树上。唐僧很吃惊地问:"你是谁家的孩子,怎么被吊起来了?"红孩儿一边哭一边骗唐僧说:"我叫红孩儿,住在火云洞,坏人❶到我家里抢东西,然后把我吊在了树上,请您救救我。"孙悟空知道红孩儿是妖怪,劝唐僧不要救这个孩子。唐僧却不听,让猪八戒把红孩儿从树上救下来,还让红孩儿和自己一起骑马走。

红孩儿想:"孙悟空最厉害,只要把他引开,我就能抓唐僧了。"他对唐僧说:"我的腿很疼,不能和您一起骑马。不如让您的大徒弟背我。"孙悟空正想着怎么杀死红孩儿,就高兴地答应说:"好,我背他。"

孙悟空背着红孩儿,故意走在后面,

❶ 坏人 *n.* evil person
e.g. 他是坏人,不要相信他的话。

想在师父看不见的时候摔❶死他。红孩儿已经猜到了孙悟空要杀他,就念咒语搬来一块大石头。孙悟空走着走着,感觉十分重,就把背上的东西往旁边摔去,却发现刚才自己摔的不是红孩儿,而是一块石头。

孙悟空立刻猜到唐僧有危险,急忙去找唐僧。可是,唐僧已经被红孩儿抓走了。

孙悟空、猪八戒和沙和尚三个人害怕唐僧被妖怪吃了,赶紧来到火云洞。沙和尚负责保护行李和白龙马,孙悟空和猪八戒和红孩儿打了起来。红孩儿打不过他们俩,只好逃到了火云洞口。这时候,他突然一回头,从嘴里吐出了几团火焰。然后,红孩儿又朝孙悟空吐了一口浓烟❷,熏①得孙悟空不停❸地流泪。

① 熏 v. smoke
e.g. 你能不能不要抽烟了,我都被熏得流眼泪了。

❶ 摔 v. hurtle down; plunge
e.g. 他从马上摔了下来。

❷ 浓烟 n. heavy smoke
e.g. 那里着火了,浓烟一直在往外冒。

❸ 不停 adv. ceaselessly
e.g. 他不停地跟我道歉。

最后，他摔倒在河里，晕过去了。

猪八戒和沙和尚救醒了孙悟空。孙悟空让猪八戒赶紧去请观音菩萨帮忙。路上，猪八戒却被红孩儿抓了起来。

猪八戒一直没有消息，孙悟空和沙和尚都很着急。孙悟空对沙和尚说："你保护好行李，我去火云洞看看。"孙悟空来到火云洞，就听红孩儿对两个小妖怪说："你们去把我爸爸牛魔王[4]请来，和我一起吃唐僧。"牛魔王和孙悟空曾经是结拜①兄弟。孙悟空打算骗骗红孩儿。他变成了牛魔王的样子，在路上等着两个小妖怪。小妖怪们分不清楚真假，把假的牛魔王请到了火云洞。红孩儿也没有看出爸爸是假的。两个人坐在一起，红孩儿问孙悟空："爸爸，您想怎么吃唐僧？"孙悟空对红孩儿说："我

---

① 结拜 v. become sworn brothers/sisters
e.g. 他们俩不仅是同学，还是结拜兄弟。

今天只想吃蔬菜。过几天再吃唐僧吧。"红孩儿心里想:"父亲以前不喜欢吃蔬菜啊。今天是怎么了?难道他是假的?"他突然问孙悟空:"爸爸,我忘记自己的生日了,您知道吗?"孙悟空没有办法回答。红孩儿确定牛魔王是假的,两个人打了起来。孙悟空没有机会救唐僧和猪八戒,只好先离开火云洞,再想别的办法。

孙悟空跟沙和尚决定再去南海请观音菩萨帮忙。观音菩萨拿起宝珠净瓶[5],在里面装满了能扑灭三昧真火的水,又拿出五个金圈儿,跟着孙悟空来到火云洞。红孩儿看见孙悟空,直接冲着他吐出三昧真火。观音菩萨向天空洒起宝珠净瓶里的水,扑灭了三昧真火,又将五个金圈儿分别套在红孩儿的脖子、左手、右手、左脚和右脚

西游记 Journey to the West

上，对着红孩儿念起咒语。红孩儿的头疼得受不了，只好投降①。观音菩萨带走了红孩儿，孙悟空救出了唐僧和猪八戒，师徒四人继续向西走去。

① 投降 v. surrender
e.g. 敌人已经投降了，我们胜利了。

一、词语注释 Notes

1. 红孩儿 Red Boy

是一个长着孩子模样的妖怪。他武功非凡，口里吐火，鼻子喷烟，神通广大，十分了得。红孩儿为人调皮，桀骜不驯，经常与人赤脚打斗，欺负山神土地。

A demon in the form of a boy. He is adept at fighting and can spit fire from his mouth and smoke from his nose. Red Boy is naughty and fierce. He often fights with humans with bare feet and likes to bully local mountain gods.

2. 火云洞 Fire Wind Cave

红孩儿住的山洞。

The name of the cave where Red Boy lives.

3. 三昧真火 Samadhi Fire

三昧真火要比一般的火更灼热、更能伤人。普通的水无法扑灭它，只有用观音菩萨宝珠净瓶里的水才行。

It is more harmful and hotter than normal fire and inextinguishable by water of the human world. It can only be extinguished by the water from Guanyin's Vase of Purity.

4. 牛魔王 Bull Demon King

红孩儿的父亲，曾经和孙悟空是结拜兄弟，也是一个本领很大的妖怪。

The Bull Demon King, a very powerful demon, is the father of Red Boy and former sworn brother to Monkey King.

5. 宝珠净瓶 Vase of Purity

是观音菩萨的宝物之一，外形似花瓶，本是盛水的器具。但观音菩萨的宝珠净瓶里装的不是普通的水，而是具有神奇功效的水，其功能之一就是能扑灭三昧真火。

It is one of Guanyin's treasures that appears as normal vase, but the water inside has magic power. Among others, it can be used to extinguish Samadhi Fire.

二、思考题 Reading Comprehension Questions

1. 红孩儿为什么想吃唐僧？
2. 红孩儿有什么本领？
3. 孙悟空想假装谁来骗红孩儿？

二十、黑水河[1]遇险

故事正文 Story

有一天,唐僧师徒走到了一条大河边。这条河很深,水也是黑的,看不见底。唐僧师徒不知道怎么才能过河。这时候,河上忽然出现了一条小船,唐僧赶紧喊那个划船❶的人。

划船的人对唐僧师徒说:"我的船很小,没有办法把你们都弄过去。"于是,他们决定让唐僧和猪八戒先上船❷,第二次再让沙和尚上船,孙悟空本领大,可以自己飞过去。于是,唐僧和猪八戒上船了。

船到河中心的时候,突然开始刮风,船消失了。孙悟空赶紧飞回来找师父,可是怎么都找不到。孙悟空这时候才明白,划船的人是妖怪变的。孙悟空不擅长①在水下战斗②,

① 擅长 v. be good at
e.g. 你最擅长什么?
② 战斗 n. battle
e.g. 我们和敌人的战斗很激烈。
❶ 划船 v. row
e.g. 他划船划得很快。
❷ 上船 v. get on board
e.g. 赶快上船吧,船就要开了。

只好叫沙和尚去河里把妖怪引出来。沙和尚到了水里，看见了一座漂亮的宫殿①，他不能确定这就是妖怪住的地方，于是躲起来观察。他听到一个人说："你们先把我舅舅找来，告诉他我抓到唐僧了，请他快来吃唐僧肉。"沙和尚这时候才确定，妖怪就住在这座宫殿里。于是，他使劲儿砸门，一边砸一边喊："妖怪，你赶快放了我师父和师弟，不然我就打死你。"妖怪听见有人骂他，生气地冲了出来，和沙和尚打了起来。沙和尚想把妖怪引出水，可是那个妖怪就是不出来。打了一会儿，沙和尚只好回去找孙悟空了。

"这个妖怪的舅舅是谁呢？"孙悟空和沙和尚还在猜时，河神[2]突然从旁边的小水沟②里出来了。河神告诉孙

① 宫殿 n. palace
e.g. 国王的宫殿很漂亮。
② 水沟 n. ditch, drain
e.g. 他一不小心，就掉进了小水沟里。

悟空："妖怪是去年来黑水河的，他欺负我年纪大，把我赶出了黑水河。我没有办法，就去找龙王，没想到，龙王竟然是他的舅舅，把我赶了回来，所以我只好住到小水沟里了。"

孙悟空听完，就去找龙王。他刚走到龙宫门前，就看见一个小妖怪也要进龙宫，手里还拿着一个请帖①。孙悟空拦住他，把请帖抢了过来，原来那是请龙王去吃唐僧肉的请帖。孙悟空连忙把请帖收起来，得意地想："证据都被我拿到了，龙王想不承认都不行了。"

龙王知道孙悟空来了，赶紧出来迎接。孙悟空拿出那个请帖，递给龙王说："你都想吃我师父了，何必还跟我这么客气②呢？"龙王看了请帖后，连忙给孙悟空道歉。原来黑水河

① 请帖 n. invitation card
e.g. 我收到了姐姐的结婚请帖。
② 客气 adj. polite
e.g. 我们都是朋友，你不用这么客气。

里的妖怪是龙王的亲戚小鼍龙[3]，父母①都已经死了，龙王觉得他可怜，就安排他暂时住到黑水河里。可是龙王没想到，小鼍龙竟然想吃唐僧肉。他连忙让自己的儿子小青龙[4]去抓小鼍龙。

来到黑水河，小青龙先到水里去劝小鼍龙，让他放了唐僧。可是小鼍龙不答应，于是他们俩就打了起来。打了很久，小鼍龙才被抓住。孙悟空本来想要打死小鼍龙，但小青龙请求孙悟空放了小鼍龙，孙悟空说："我可以放了他，但是你们要把黑水河还给河神，不许再欺负他。"小青龙同意了。

唐僧和八戒被救了出来，河神也重新回到了黑水河。为了表示对孙悟空的感谢，河神把河水分开，从中间

① 父母 n. parents; mother and father
e.g. 他父母对他的要求很严格。

biànchūle yì tiáo lù, ràng Tángsēng shītú guò hé. Tángsēng
变出了一条路，让唐僧师徒过河。唐僧
shītú guòle hé, yòu jìxù xiàng xītiān zǒuqù.
师徒过了河，又继续向西天走去。

一、词语注释 Notes

1. 黑水河 Black River
河名。原来是黑水河河神住的地方，后来被小鼍龙霸占。
The name of a river where Black River God used to live. In time, Alligator Demon took over the river from Black River God.

2. 河神 River God
管理河的神仙。
A god who controls a river.

3. 小鼍龙 Alligator (Demon)
西海龙王敖闰的外甥，其父亲是泾河龙王。父母早亡，家里兄弟九人，年最幼，性最孽，水下功夫十分厉害。
The nephew of the Dragon King of the West Sea. His father is the Dragon King of Jinghe River. His parents die early. He is the youngest among the nine brothers and the most treacherous with outstanding aquatic skills.

4. 小青龙 Cyan Dragon
西海龙王的儿子。
The son of the Dragon King of the West Sea.

二、思考题 Reading Comprehension Questions

1. 唐僧是怎么被妖怪抓去的?
2. 黑水河原来的主人是谁?
3. 小鼍龙想请谁来吃唐僧肉?

二十一、戏弄①三妖怪

---

① 戏弄 v. make fun of
e.g. 他经常戏弄别人。

故事正文 Story

一天,唐僧师徒来到了车迟国[1]。他们忽然听到有人在喊。孙悟空担心前面有危险,就叫其他人不要走,他先去前面看看。

原来是一群和尚在干活儿,一个道士在使劲儿打他们。悟空觉得很奇怪,就变成一个小道士去跟那个道士聊天。原来二十年前车迟国发生旱灾①的时候,来了虎力大仙[2]、羊力大仙[3]、鹿力大仙[4]三个道士,与和尚比求雨❶的本领,结果道士赢了,国王就让他们当国师[5],从此和尚就受道士欺负了。孙悟空听完很生气,举起金箍棒打死了那个道士,放了正在干活儿的和尚,然后跑回去找唐僧,跟他说明了情况。

晚上,唐僧睡觉了,孙悟空带着

① 旱灾 n. drought
e.g. 这里发生了旱灾。
❶ 求雨 v. pray for rain
e.g. 这里好几个月没下雨了,老百姓都在想办法求雨。

猪八戒、沙僧出去玩儿。他们来到了一个道观[6]里，看见里面有一群道士正在神像①前祷告②。可是带着大家祷告的三个道士竟然是妖怪变的。猪八戒没有注意妖怪，只注意到神像前面放了很多食物，非要进去吃。孙悟空使劲儿吹了一口气，忽然刮起一阵大风，吹得道士们没有办法继续祷告了，于是就提前结束了。孙悟空叫八戒把三个神像搬走，然后他们变成了神像的样子，这才开始放心地吃东西。吃着吃着，突然一个小道士进来了，他们赶紧放下吃的。小道士是来找东西的，找了一会儿没有找到，刚想离开，就听到房间里有呼吸的声音，于是赶紧去告诉老道士。

三个妖怪到了房间，发现神像前的食物都被吃了，觉得很奇怪。羊力大仙说：

① 神像 n. statue of a god
e.g. 寺庙里有很多神像。
② 祷告 v. pray
e.g. 他每天都会祷告。

"一定是神仙听到了我们的祷告，接受了我们的食物。我们再向神仙要一点儿神水[7]吧。"于是，三个妖怪给神像磕头①，恳求神仙给一点儿神水。

孙悟空想戏弄一下三个妖怪，就对妖怪们说："你们平时表现很好，我们就给你们一点儿神水。不过，你们要出去，不许看。"三个妖怪听了很高兴，赶紧出去等着。妖怪们走后，孙悟空、猪八戒和沙僧忍不住笑了起来。猪八戒一边笑一边问："师兄，我们哪儿有神水啊？"孙悟空拿来一个瓶子，开始往里面撒尿②。猪八戒和沙僧明白了，也找来瓶子，往里面撒尿。然后，孙悟空把妖怪们叫进来，把"神水"给了他们。三个妖怪高兴极了，拿起瓶子就开始喝。喝完后，三个妖怪都觉得这神水的味道

① 磕头 v. kowtow
e.g. 过年的时候，小孩儿要给老人磕头。
② 撒尿 v. pee
e.g. 他家的小狗到处撒尿。

hěn qíguài, xiàng niào de wèidào. Sūn Wùkōng, Zhū
很奇怪，像尿①的味道。孙悟空、猪
Bājiè hé Shāsēng dōu rěnbuzhù xiàole qǐlai. Yāoguàimen
八戒和沙僧都忍不住笑了起来。妖怪们
fāxiàn bèi piàn le. fēicháng shēngqì, kěshì yǐjīng
发现被骗了，非常生气，可是已经
zhuābudào Sūn Wùkōng tāmen le.
抓不到孙悟空他们了。

① 尿 *n.* urine
e.g. 厕所里尿的味道很大。

一、词语注释 Notes

1. 车迟国 Kingdom of Chechi
国名。
The name of a country.

2. 虎力大仙 Tiger Power Immortal
由老虎变的妖怪，信道教，欺负和尚。
A Taoist demon transformed from a tiger who tortures Buddhist monks.

3. 羊力大仙 Antelope Power Immortal
由羊变的妖怪，是虎力大仙的师弟。
A Taoist demon transformed from an antelope who is a junior fellow apprentice of Tiger Power Immortal.

4. 鹿力大仙 Elk Power Immortal
由鹿变的妖怪，也是虎力大仙的师弟。
A Taoist demon transformed from an elk who is also a junior fellow apprentice of Tiger Power Immortal.

5. 国师 King's Royal Advisor

"国师"是中国历代封建帝王给予佛教徒中一些学德兼备高僧的称号。本来应该是佛教中的高僧做国师，但由于虎力大仙他们在求雨的过程中赢了和尚，所以国师的位置就给了他们。

A title given by ancient Chinese emperors to high-ranking learned and virtuous Buddhist monks. The Tiger Power Immortal beat the Buddhist monks in a contest to successfully summon wind and rain, and was then rewarded with this title.

6. 道观 Taoist Monastery

道观是道士修炼的地方。

The place where Taoist priests live.

7. 神水 Holy Water

传说中具有神奇魔力的水。

Legendary water which is said to have powerful magical properties.

二、思考题 Reading Comprehension Questions

1. 和尚为什么会被道士欺负？
2. 三个妖怪向"神仙"求了什么？
3. "神水"是什么做的？

二十二、车迟国比本领

故事正文 Story

第二天早上,唐僧去找国王换通关文牒[1]。这时候,三个妖怪来了。他们看见孙悟空,赶紧把昨天晚上发生的事情告诉了国王。国王听完,生气地说:"你们这群和尚,竟敢戏弄国师,都不想活了是吗?"这时候有人悄悄对国王说:"您先别生气。唐僧师徒既然能戏弄国师,就证明他们的本领很大。正好我们国家已经很久没有下雨了,为什么不让他们和国师比一下求雨的本领呢?"国王同意了。

所有人都跑来看唐僧师徒和国师的比赛。国王先让国师求雨,虎力大仙走出来念咒语。一会儿就开始刮风了。孙悟空赶紧跑到天上,叫所有的神仙都不要帮助这个妖怪。过了一会儿,风停了,天也晴了。孙悟空笑着问虎力大仙:"怎么没有下雨呢?"虎力大仙回答说:"今天神仙不在家,没有听见我的祷告。"孙悟空用金箍棒指着天空说:"下雨。"果然开始下雨了。原来孙悟空已经跟神仙们说了,只要听到他喊"下雨",就立刻下雨。

妖怪不愿意承认自己输了,还要再比一次。这次虎力大仙要和唐僧比坐禅[2]。唐僧最会坐禅,可是没有想到,鹿力大仙变成了一只蜜蜂,飞进唐僧的耳朵里,弄得唐僧很痒。孙悟空发现了,就变成一只大蜈蚣①,咬了虎力大仙一口,虎力大仙疼得从高处摔了下来。唐僧师徒又赢了。

可是,妖怪们还是要比。这次他们派出鹿力大仙和唐僧比,规则是国王先

---

① 蜈蚣 *n.* centipede
e.g. 我很害怕蜈蚣。

派人往柜子①里放一件东西，然后让唐僧和国师猜，谁猜对了谁就赢。第一次，国王让人往柜子里放了一件漂亮的衣服，鹿力大仙先回答："柜子里放了一件漂亮的衣服。"唐僧说："不，柜子里放的是一件破衣服。"打开柜子的时候，里面果然放了一件破衣服。原来，孙悟空悄悄进了柜子里，把衣服撕破了。国王很吃惊，但是唐僧师徒确实猜对了，也就只好宣布唐僧赢。

第二次，国王让人往柜子里放了一个桃，并反复告诉那个人，千万不要再放错了。这次是羊力大仙先猜："里面是一个桃。"唐僧说："里面放的是桃核②。"国王叫人打开柜子，发现里面真的是一个桃核。唐僧又猜对了。不用说，这次又是孙悟空进了柜子，把桃吃了。

① 柜子 n. cupboard
e.g. 我把衣服放在柜子里了。

② 桃核 n. peach stone
e.g. 桃都被我吃完了，只剩桃核了。

西游记 Journey to the West

第三次，国王找了一个小道士，并亲自把他藏进柜子里。虎力大仙先猜："里面是一个小道士。"唐僧说："不对，里面是一个小和尚。"结果，又是唐僧猜对了。原来，孙悟空悄悄进到柜子里，骗小道士说："国王不让你做道士了，让你做和尚。"小道士相信了，就剪❶了头发，还换了和尚的衣服，变成了一个小和尚。当小和尚从柜子里走出来的时候，国王简直不敢相信自己的眼睛。但是，唐僧师徒确实又猜对了。

三个国师很生气，这次，他们决定比些更厉害的本领。虎力大仙说："孙悟空，你敢跟我比砍头❷吗？"孙悟空笑着说："有什么不敢的？"国王害怕了，想叫他们不要比，可是他们不听。于是，国王也只好答应了。

❶ 剪 v. cut
e.g. 我想剪头发。
❷ 砍头 v. behead
e.g. 在中国古代，犯了死罪是要砍头的。

国王叫人先把孙悟空的头砍下来，头落到了地上，被鹿力大仙偷走了。孙悟空用肚子大喊："头来！"可是，头没有回来。唐僧以为孙悟空本领大，不会发生意外。但是当看到这个情景时，他开始担心了。当大家都以为孙悟空肯定会死的时候，孙悟空的脖子上又长出了一个头。

国王又叫人把虎力大仙的头砍下来，头落到了地上，孙悟空变出来了一只大狗，叼①起虎力大仙的头就跑了。虎力大仙没有了头，一会儿就死了。

鹿力大仙和羊力大仙要替虎力大仙报仇②。鹿力大仙说："孙悟空，你敢把心脏掏③出来吗？"孙悟空回答："有什么不敢的？"说完，就拿刀把自己的肚子切开，把心脏拿了出来，放在

① 叼 v. hold in the mouth
e.g. 狗把骨头叼走了。
② 报仇 v. take revenge for
e.g. 他想替他弟弟报仇。
③ 掏 v. draw out; take out
e.g. 他从书包里掏出一本书。

西游记 Journey to the West

手掌里玩了一会儿，又放回去了。鹿力大仙也把肚子切开了，刚把心脏拿出来，孙悟空就又变出一只大鸟，把鹿力大仙的心脏叼走了。于是，鹿力大仙也死了。

羊力大仙还要和孙悟空比。他叫人拿来一个装着热油❶的大锅，然后对孙悟空说："你敢在热油里洗澡吗？"他还没有说完，孙悟空就跳了进去，竟然还在锅里游泳，玩得非常高兴。玩累了，孙悟空就跳出来了。然后，羊力大仙也跳了进去，他也开始在热油里玩了起来，好像感觉不到热。孙悟空摸了一下油，发现锅里的油竟然变凉了。他仔细往锅里看了看，看见里面有一条小龙，一定是它把油变凉的。趁羊力大仙不注意的时候，孙悟空把小龙从锅里抓了出来。于是，锅里的油变得越来越热，几秒的

❶ 油 n. oil
e.g. 做菜的时候别放太多油。

时间,羊力大仙就被炸❶熟❷了。

国王看见国师们都死了,非常伤心。孙悟空叫人把妖怪们的尸体抬过来,对国王说:"您仔细看看,他们都是妖怪。"果然,三个国师的尸体都变了样子,一个是没有头的老虎,一个是肚子被切开的鹿①,还有一个是刚被炸熟的羊②。国王看见这个情景,才明白国师们全是妖怪变的,连忙感谢唐僧师徒,并且宣布放了和尚,让他们重新回到寺庙里。

第二天早上,唐僧师徒离开了车迟国,继续向西天走去。

① 鹿 n. deer
e.g. 那有一只鹿。
② 羊 n. sheep, goat
e.g. 山上有很多只羊。
❶ 炸 v. fry
e.g. 我妈妈从来不让我吃炸的东西。
❷ 熟 adj. cooked, done (food)
e.g. 肉还没熟。

一、词语注释 Notes

1. 通关文牒 Ancient Chinese Passport

本书中的通关文牒我们可以理解为当时的出国护照,国内的介绍信，同时也是唐僧西去的纪录和向皇上交差的证书。

The passport mentioned in the novel can be interpreted as a passport or domestic recommendation letter for going abroad at that time. It also serves as the record of Xuanzang's journey to the West and as a certificate submitted to the emperor to show his accomplishments.

2. 坐禅 Meditation

坐禅，就是通过静坐的方式修炼，是佛教修炼的主要方法之一。

One of the major rituals in the practice of Buddhism. It involves sitting cross-legged in an act of self-contemplation to achieve enlightenment.

二、思考题 Reading Comprehension Questions

1. 当知道国师被戏弄以后，国王为什么没有杀唐僧师徒？
2. 三个妖怪都和唐僧师徒比了什么？
3. 三个妖怪分别是怎么死的？

二十三、陈家庄[1]救孩子

故事正文 Story

一天晚上,唐僧师徒来到一条大河旁边,看见一块石碑上刻着几行字:通天河[2],宽八百里,很少有人能过河。通天河上一条船也没有。唐僧看见天已经黑了,又没有办法过河,就带着孙悟空、猪八戒和沙和尚到河旁边的陈家庄借一个房间住。

吃饭的时候,唐僧发现房子①的主人一直在哭,就奇怪地问:"您为什么哭啊?"房东回答:"通天河里有一个妖怪,叫灵感大王[3]。每年都来陈家庄吃孩子。今年②就要吃我的孩子们了,我实在舍不得啊。"

孙悟空说:"把你的孩子们叫来,让大家看看。"等了一会儿,一个七岁的男孩子走进房间。孙悟空走到他旁边,

① 房子 *n.* house
e.g. 他家的房子很大很漂亮。

② 今年 *n.* this year
e.g. 今年他就毕业了。

念起咒语，然后把自己变成了他的样子。孙悟空说："妖怪来的时候，我替你的儿子去。"主人说："太谢谢您了！可是我还有一个女儿，谁替她去呢？"

孙悟空笑着说："猪八戒做女孩子最合适了。"猪八戒不高兴地说："你就愿意戏弄我！"这时候，女孩子也被带进房间，于是，猪八戒变成了女孩子的样子。

过了一会儿，突然有人喊："时间到了，把孩子送给灵感大王吧。"孙悟空和猪八戒被人送到了灵感大王的家里。猪八戒害怕地对孙悟空说："不知道妖怪先吃男孩子还是女孩子？"孙悟空说："让他先吃我吧。"

一会儿，灵感大王回来了。孙悟空对他说："先吃我吧。"妖怪十分吃惊地想："别的孩子看见我都害怕，这个男孩子很勇敢！还是先吃女孩子吧！"他朝着猪八戒走去。猪八戒赶紧说："你还是先吃他吧。"灵感大王不听，坚持要先吃女孩子。猪八戒害怕极了，他赶紧变回原来的样子，跟妖怪打了起来。妖怪受伤了，变回了原来的样子，原来他是一只金鱼精[4]。

一、词语注释 Notes

1. 陈家庄 Chenjiazhuang Village
地名。
The name of a place.

2. 通天河 Tongtian River
河的名字，其水流较猛，从高处流下，像是一条通天的河流。
The name of a torrential river that flows down from the high mountain and seems like a river leading to heaven.

3. 灵感大王 The Inspired King
本是观音菩萨莲花池里养大的金鱼，每日浮头听经，修炼成了妖怪。他跑到通天河，冒充神灵，要村民献童男童女为代价保风调雨顺。

He is a goldfish raised in a lotus pond by Guanyin. Every day he listens to the goddess reciting Buddhist scriptures. Over time, he transforms into a demon because of the power in the spoken words of Guanyin. Soon after, he makes his way to the Tongtian River where he poses as a deity. He requires the villagers living nearby to sacrifice their young children to him in return for favourable weather for farming.

4. 金鱼精 The Goldfish Demon

金鱼变成的妖怪。

A demon transformed from a goldfish.

二、思考题 Reading Comprehension Questions

1. 房子的主人为什么哭？
2. 孙悟空想了什么办法救主人的孩子？
3. 灵感大王是什么妖怪变的？

二十四、大战金鱼精

故事正文 Story

灵感大王被打伤后，逃回了通天河。他每天都想着怎么对付①唐僧师徒。一个聪明的小妖怪给他想了个办法，灵感大王听了很高兴。

有一天早上，大家发现通天河的水都变成了冰❶。唐僧师徒很高兴，因为他们终于能过河了。四个人刚走到河中间，冰突然碎了。唐僧、猪八戒和沙和尚都掉进了河里。猪八戒、沙和尚被救了上来，可是唐僧却被灵感大王抓走了。于是，孙悟空赶紧跳进河里去找师父。

孙悟空悄悄进了灵感大王的宫殿，终于找到了师父。可是孙悟空在水里打不过灵感大王。于是，他回到岸上，对猪八戒和沙和尚说："你们去水里，想

① 对付 v. deal with; handle
e.g. 自从他被打以后，他一直想着怎么对付打他的人。

❶ 冰 n. ice
e.g. 冰化成了水。

西游记 Journey to the West

办法把妖怪引出来。"猪八戒和沙和尚跳进了水里。他们在妖怪的宫殿外喊:"妖怪,赶快放了我们的师父!"灵感大王冲了出来,跟猪八戒、沙和尚打了起来。猪八戒和沙和尚打不过灵感大王,于是他们假装逃跑,想把灵感大王引到岸上。灵感大王的脑袋刚出现,孙悟空就朝他打去。妖怪不是孙悟空的对手,又逃回了通天河。这次,无论猪八戒和沙和尚怎么引他,灵感大王再也不离开通天河了。

孙悟空只好去找观音菩萨帮忙。观音菩萨来到通天河,把一个篮子放进水里,然后开始念:"死的离开,活的来;死的离开,活的来。"一共念了七遍。这时候,篮子里竟然出现了一条金鱼① 。

① 金鱼 n. goldfish
e.g. 我养了三条金鱼。

原来，灵感大王是观音菩萨养❶的金鱼，它每天听观音菩萨讲佛经，终于修炼①成了一个妖怪。观音菩萨把金鱼带了回去，唐僧也被从通天河里救了出来。孙悟空正准备找一条船过河，就看见一只老乌龟②从通天河里游❷了出来。老乌龟对孙悟空说："通天河原来是我的家，后来被妖怪抢走了。为了感谢您赶走妖怪，我背你们过河。"唐僧师徒过河后，继续向西天走去。

① 修炼 v. practise asceticism
e.g. 很多道士(Taoist)都想修炼成神仙。
② 乌龟 n. tortoise
e.g. 据说，乌龟能活几百年。
❶ 养 v. raise, keep
e.g. 我喜欢养小动物。
❷ 游 v. swim
e.g. 他游回了岸边。

思考题 Reading Comprehension Questions

1. 灵感大王想了什么办法对付唐僧师徒？
2. 孙悟空为什么不在水下救唐僧？
3. 谁帮助唐僧师徒过了河？

二十五、女儿国[1]奇遇①

① 奇遇 *n.* adventure
e.g. 他的一生有很多次奇遇。

故事正文 Story

一天,唐僧师徒来到了女儿国。他们经过一条河,唐僧和猪八戒渴了,就在河里舀①了一碗水喝。没想到过了一会儿,他们的肚子就疼了起来。这时候有一个老人❶经过,等问清楚了原因,老人忍不住笑了起来。原来这里是女儿国,没有男人❷。女人❸到了二十岁,就去喝子母河[2]的水,然后就可以怀孕②了。唐僧和猪八戒听了很着急,老人笑着说:"不要着急,聚仙庵[3]里有一个落胎泉[4],只要喝了落胎泉里的水,肚子里的孩子就没有了。"孙悟空急忙来到聚仙庵,向主人如意真仙[5]借落胎泉里的水。可是如意真仙刚听到"孙悟空"三个字,就非常生气。原来,如意真仙是红孩儿的叔叔,他恨孙

① 舀 v. ladle out
e.g. 他舀了一碗水给我喝。

② 怀孕 v. be pregnant
e.g. 我姐姐怀孕了。

❶ 老人 n. old man; senior citizen
e.g. 现在中国的老人越来越多。

❷ 男人 n. man
e.g. 男人的力气比较大。

❸ 女人 n. woman
e.g. 那个女人是谁?

悟空，因为孙悟空请观音娘娘抓走了红孩儿。现在孙悟空来借落胎泉的水，他坚决不给。孙悟空也生气了，跟如意真仙打了起来。如意真仙打不过孙悟空，只好逃跑。孙悟空找到落胎泉，刚要取水，没想到如意真仙在后面突然出现，朝孙悟空打去。孙悟空只好找沙和尚帮忙，才取到了落胎泉的水。唐僧和猪八戒喝了水，肚子马上就不疼了。

第二天，唐僧师徒来到女儿国的首都。街上的女人从来没有看见过男人，于是都朝他们看。可是，猪八戒不小心露①出了猪的样子，把大家都吓跑了。

唐僧师徒来到驿站[6]。一位女官[7]问清楚了他们的身份，就去向女王②报告。女王听说唐僧长得很帅，就想让唐僧做自己的丈夫。她派女官跟唐僧

① 露 v. lay bare
e.g. 衣服太短了，他不小心露出了肚子。
② 女王 n. queen
e.g. 很多国家现在还有女王。

说了这件事情,唐僧拒绝了,孙悟空故意说:"师父,女王喜欢您,您就留下来吧!"女官看见唐僧低着头不说话,以为他已经答应了,就去向女王报告。

唐僧很生气,孙悟空笑着解释说:"如果您不答应女王,女王一定不愿意让我们走,所以我们就先假装答应她。"

过了一会儿,女王亲自来到驿站。唐僧连忙带着徒弟去迎接。女王拉着唐僧,要把他带回去。唐僧不愿意走,孙悟空说:"师父,您就和女王回去吧!"

女王给唐僧举办了宴会,猪八戒趁这个机会,吃了很多东西。等吃饱了,猪八戒按照孙悟空教他的话对女王说:"师父已经留在这儿了,可是我们还要去取佛经,请女王赶快放我们走吧!"

女王答应了。唐僧对女王说:

西游记 Journey to the West

"Wǒ yào qù sòng wǒ de túdi." Yúshì, Tángsēng hé sān
"我要去送我的徒弟。"于是,唐僧和三
gè túdi zǒuchū shǒudū. Tūrán, Tángsēng duì nǚwáng
个徒弟走出首都。突然,唐僧对女王
shuō: "Wǒ qù qǔ fójīng le!" Nǚwáng hěn chījīng,
说:"我去取佛经了!"女王很吃惊,
jímáng lāzhe Tángsēng de gēbo, duì tā shuō: "Wǒmen
急忙拉着唐僧的胳膊,对他说:"我们
yǐjīng yào jiéhūn le, nǐ zěnme yòu gǎibiàn zhǔyi le!"
已经要结婚了,你怎么又改变主意了!"
Zhū Bājiè gǎnjǐn bǎ nǚwáng lāzǒu, Shā Héshang fúzhe
猪八戒赶紧把女王拉走,沙和尚扶着
Tángsēng shàngle mǎ.
唐僧上了马。
　　　　Nǚ'ér Guó de rén mǎshàng bǎ Tángsēng bāowéi
女儿国的人马上把唐僧包围①
qǐlai, bú ràng tā líkāi. Zhè shíhou, tūrán guāqǐ yí
起来,不让他离开。这时候,突然刮起一
zhèn dà fēng, Tángsēng bèi yí gè nǚ yāoguai zhuāzǒu le.
阵大风,唐僧被一个女妖怪抓走了。
Sūn Wùkōng jímáng zhuīle shàngqu.
孙悟空急忙追了上去。

① 包围 v. besiege, encircle
e.g. 我们把敌人包围了。

一、词语注释 Notes

1. 女儿国 Kingdom of Women and Girls
传说中的国家。在这个国家里,只有女人,没有男人。
A legendary state in which there are only women.
2. 子母河 Zimu (Child-Mother) River
可以帮助女人怀胎的河,只要喝了河里的水,就能怀孕。

A legendary river which is said to induce pregnancy if a woman drinks from it.

3. 聚仙庵 Juxian Temple

地名。

The name of a temple, literally meaning "a temple gathered with deities".

4. 落胎泉 Luotai (Abortion) Spring

这里的泉水可以帮助女人堕胎。

A legendary spring which is said to induce an abortion if a woman drinks from it.

5. 如意真仙 Immortal of Wishes

红孩儿的叔叔。

The uncle of Red Boy.

6. 驿站 Post House

古代供传递政府文书的人及来往官员中途更换马匹或休息、住宿的地方。相当于官方的旅馆。

It refers to the place where a commuting officer or military messenger is accommodated and would have changed horses in ancient times, equivalent to official hotels.

7. 女官 Lady Official

高级的宫女。

A senior palace maid.

二、思考题 Reading Comprehension Questions

1. 唐僧和猪八戒为什么会怀孕?
2. 如意真仙为什么不愿意把落胎泉的水给孙悟空?
3. 唐僧和女王结婚了吗?

二十六、苦斗蝎子精 [1]

故事正文 Story

原来女妖怪也和女王一样，喜欢唐僧。最近，她一直偷偷观察着情况，等机会来了，立刻把唐僧抓到自己的山洞里，要唐僧和她结婚。不管女妖怪怎么劝，唐僧都不答应。最后，女妖怪生气了，对唐僧说："我没有女儿国国王温柔，但是我有很多方法能让你答应。"说完，她就抱着琵琶①，弹❶了起来。然后唐僧就像被催眠②了似的，开始听妖怪的话了。这时候，孙悟空突然闯进了山洞，看见妖怪，举起金箍棒就打。妖怪拿起琵琶，又开始弹。幸亏孙悟空本领大，才没有被催眠。琵琶对孙悟空没有用，妖怪赶紧往山洞外逃。

到了山洞外，孙悟空一直追着妖怪

① 琵琶 n. pipa, a Chinese lute
e.g. 她的琵琶弹得很好。
② 催眠 v. lull sb. to sleep
e.g. 他被催眠了。
❶ 弹 v. play (a musical instrument)
e.g. 我不会弹钢琴。

西游记 Journey to the West

跑。马上就要追到时，妖怪的屁股①上突然长出了一条像鞭子②似的东西，使劲儿往孙悟空的头上打。孙悟空疼得连金箍棒都掉了，捂③着头逃跑了。妖怪得意地笑笑，回到山洞里去了。

八戒和沙僧扶起倒在地上的孙悟空，问他怎么了。孙悟空也说不清楚，不停地喊疼。八戒说："我们还是带师兄去女儿国看医生吧。"孙悟空不同意，他担心师父有危险，让大家先去救师父。

于是八戒拿起兵器就去找妖怪了。妖怪又开始弹琵琶，猪八戒晕了，但是很快就醒了，继续追着妖怪打。妖怪趁八戒不注意的时候，往八戒的嘴上吹了一口气，八戒立刻觉得自己的嘴像被针扎④了一样疼。

就在大家不知道怎么办的时候，山

① 屁股 n. buttocks
e.g. 我的屁股被虫子咬了。
② 鞭子 n. whip
e.g. 墙上挂着一条鞭子。
③ 捂 v. cover
e.g. 他捂着肚子跑了出去。
④ 扎 v. prick, puncture
e.g. 他不小心被针扎了一下。

上突然出现了一只大公鸡[1]，它朝着妖怪叫了一声，妖怪立刻倒下了，变成了一只蝎子。公鸡又叫了一声，那只蝎子就死了。

原来大公鸡是昴日星官[2]变的，他知道唐僧师徒遇到了困难，所以就来了。唐僧被救出来了，师徒四人继续向西天走去。

[1] 公鸡 n. rooster
e.g. 我家公鸡每天早上都叫我们起床。

一、词语注释 Notes

1. 蝎子精 Scorpion Demon
由一只蝎子修炼成的女妖怪。她长得貌美如花，修行多年，武艺高强，鼻中喷火，口中吐烟，神通广大，法力无边。
A female monster that is transformed from a scorpion. She looks beautiful and is well-versed in fighting after years of practice. She can spit fire from her nose and smoke from her mouth.

2. 昴日星官 Star Lord of the Pleiades
二十八星宿之一，本相是六七尺高的大公鸡，神职是"司晨啼晓"。

One of the 28 constellations. It appears as a six or seven-foot-tall rooster with the duty of crowing at dawn.

二、思考题 Reading Comprehension Questions

1. 妖怪为什么要抓走唐僧？
2. 妖怪用了什么办法对付孙悟空？
3. 谁最后帮助了孙悟空？

二十七、三借芭蕉扇 [1]

故事正文 Story

唐僧师徒离开女儿国后,继续向西走。走着走着,他们觉得越来越热。大家都很奇怪,现在是秋天①,天气应该很凉快啊。

到了晚上,他们找了一个地方休息。当地的老百姓听说唐僧要去西天,都劝唐僧放弃。原来,附近有一座火焰山[2],山上的大火一直向西烧了八百里,谁都没有办法过去。

一位老人告诉唐僧:"附近住着一位铁扇公主[3],她有一把芭蕉扇,只有那把芭蕉扇可以扑灭山上的大火。可是,铁扇公主从来不把扇子借给别人。"

"师父别着急,我认识铁扇公主,她肯定会把芭蕉扇借给我的。"说完,孙悟空就去找铁扇公主了。

原来,铁扇公主是牛魔王的妻子,

① 秋天 n. autumn
e.g. 秋天天气很凉快。

牛魔王和孙悟空曾经是结拜兄弟，所以孙悟空认为铁扇公主肯定会把芭蕉扇借给他的。但是铁扇公主是红孩儿的母亲，她恨孙悟空请观音菩萨带走了她的儿子，导致他们没有办法再见面。

铁扇公主想借这个机会杀了孙悟空，于是对他说："我可以把芭蕉扇借你，但是你得让我砍几下。"孙悟空痛快地答应了。

孙悟空的脑袋像用铁做的似的，无论铁扇公主怎么砍，孙悟空都不疼。最后，她只好放弃。孙悟空笑着向她要芭蕉扇，铁扇公主拿出芭蕉扇，慢慢地把它变大，然后使劲儿朝孙悟空扇① 了一下，把他扇到了五万里外的一座山上。山上住着一个神仙，他给了孙悟空一颗定风丹[4]。孙悟空带着定风丹又去找

---

① 扇 v. wave (a fan)
e.g. 他不停地用扇子扇风。

铁扇公主，铁扇公主刚看见孙悟空，就举起芭蕉扇使劲儿扇，可是孙悟空一动不动①。铁扇公主没有办法，只好逃回了自己的山洞里。

孙悟空变成了一只蜜蜂，飞进山洞里，然后又飞到了铁扇公主的茶里，铁扇公主没有看见，拿起杯子把茶都喝了。孙悟空随着茶到了铁扇公主的肚子里，开始又抓又跳，铁扇公主疼得受不了，只好把芭蕉扇交给孙悟空。孙悟空拿着芭蕉扇来到火焰山，使劲儿对着大火扇，火不但没有被扑灭，反而越来越大。原来这把芭蕉扇是假的。

八戒想了个主意，他叫孙悟空去找牛魔王，牛魔王会劝铁扇公主的。可是，牛魔王却不愿意帮忙。趁牛魔王不注意的时候，孙悟空偷偷地把牛魔王的

① 一动不动 v. keep still
e.g. 他一动不动地站了很久。

坐骑[5]骑走了，还变成了牛魔王的样子，去找铁扇公主。铁扇公主看见丈夫很高兴，立刻就把芭蕉扇交给了假牛魔王。可是芭蕉扇太大，孙悟空又不敢问怎么变小，只好背着大芭蕉扇往火焰山走。真牛魔王发现坐骑不在了，赶紧去追孙悟空。等他追到的时候，正好看见孙悟空背着大芭蕉扇在走。牛魔王想了个主意，他变成猪八戒的样子，假装来接孙悟空。孙悟空太累了，立刻就把芭蕉扇给了假猪八戒。假猪八戒拿到扇子，马上就变回了原来的样子，得意地对孙悟空说："笨猴子，你看我是谁。"孙悟空被骗了，气得举起金箍棒就打。牛魔王也很厉害，两个人打了很久，也没分出谁输谁赢。天上的神仙正好看见了，他们都来帮助孙悟空，牛魔王被大家抓住了，孙悟空拿到了芭蕉扇，赶紧飞到火焰山，使劲儿扇了几下，火终于被扑灭了。唐僧师徒继续向西天走去。

一、词语注释 Notes

1. 芭蕉扇 Palm Leaf Fan
芭蕉扇扇出的风很大，可以把人扇到几万里以外，也可以扇灭大火，同时它还可以像孙悟空的金箍棒一样，变大变小。
It creates winds strong enough to push people tens of thousands of miles away, or put out a big flame. Its size can be changed at will, similar to the Monkey King's Gold-banded Cudgel.

2. 火焰山 Fiery Mountain
一座燃烧着熊熊火焰的山。
A mountain engulfed in flames.

3. 铁扇公主 Princess Iron Fan
牛魔王的妻子，红孩儿的妈妈，芭蕉扇是她的宝物。
The Bull Demon King's wife and Red Boy's mother. The Palm Leaf Fan is her most treasured possession.

4. 定风丹 Wind Resistant Pellet

定风丹可以帮助抵抗芭蕉扇的大风。

A pellet used to resist the strong winds created by the Palm Leaf Fan.

5. 坐骑 Personal Mount

坐骑一般由某种野兽充当，作为主人的代步工具，比如马。

It refers to a certain beast used as a means of personal transportation by its master, like a horse.

二、思考题 Reading Comprehension Questions

1. 为什么当地的老百姓劝唐僧放弃取佛经？
2. 什么可以扑灭火焰山的大火？
3. 孙悟空用什么方法骗走了芭蕉扇？

二十八、误闯盘丝洞 [1]

故事正文 Story

有一天，唐僧看天气很好，就自己出来散步，顺便要一点儿吃的。他走到一个大房子前面，看见几个姑娘在院子里玩儿。唐僧走进去，礼貌地说："我是从大唐来的和尚，要到西天取佛经，走得饿了，想要点儿吃的，可以吗？"

姑娘们听了，赶紧请唐僧进屋子里休息。唐僧刚走进去，就觉得冷，再仔细看，屋子里的家具竟然都是石头做的。这时候，姑娘们把一碗肉递给唐僧，唐僧赶紧拒绝说："我是和尚，不吃肉。"几个女孩子都笑了。唐僧害怕了，刚想离开，就被拦住了。其中一个姑娘说："唐僧，既然来了，就别走了。"突然，她们的肚脐①上开始放出白丝❶。一会儿，白丝就把整个房子都包起来了。

① 肚脐 n. navel
e.g. 肚脐是人身体上很重要的一部分，一定要保护好。

❶ 白丝 n. white silk
e.g. 蜘蛛会吐出白丝。

孙悟空等了很久，也没有看见唐僧回来，于是赶紧去找。没❶过多久，他就发现了这个用白丝包起来的房子，他觉得很奇怪，就把土地神找来了。土地神告诉他，这座房子其实叫盘丝洞，盘丝洞里住着七个女蜘蛛精[2]，唐僧可能被这几个妖怪抓走了。这时候，房子外面的白丝突然消失了，七个女妖怪走了出来，一边走一边笑着说："我原来以为抓唐僧很难，没有想到，他竟然自己来了。"另外一个姑娘说："我们先去洗澡，放松一下，回来再吃唐僧。"

到了河边，女妖怪们开始脱衣服。孙悟空想：如果现在打她们，别人一定会说我不好，可是也不能让她们逃了。孙悟空看着妖怪们的衣服，笑了一下，他想到了一个好主意。他变成一只大鸟，

❶ 没 v. not do sth.
e.g. 他已经几天没吃饭了。

把妖怪们的衣服都叼走了。妖怪们没有衣服，都不敢出来了。

孙悟空带着妖怪们的衣服回来了。猪八戒好奇地问：" 师兄，这是哪个姑娘的衣服啊？" 孙悟空回答说：" 是妖怪的。趁妖怪们还在河里，我们赶紧去救师父。" 猪八戒却假装严肃地说：" 不行，我们得先把妖怪们打死，不然她们还会来抓师父的。我现在就去打她们。"

猪八戒着急地跑到河边，看见一群姑娘在洗澡，就笑着对她们说：" 我也脏了，让我跟你们一起洗吧。" 然后他变成了一条鱼，跳进了河里，妖怪们赶紧抓鱼。

八戒跳出来，举起兵器就要打。妖怪们急忙出来，又从肚脐里放出白丝，把八戒包住了。然后，她们逃跑了。

八戒使劲儿弄断了白丝,赶紧去找孙悟空和沙和尚。他们害怕妖怪会伤害唐僧,于是急忙往盘丝洞跑。到了盘丝洞,妖怪们已经不在了。他们继续往里走,才看见被白丝包住的唐僧。师徒几个出来后❶,放火❷烧了盘丝洞,继续向西天走去。

❶ 后 prep. after
e.g. 他毕业后就当了老师。
❷ 放火 v. set on fire
e.g. 他放火把房子烧了。

一、词语注释 Notes

1. 盘丝洞 Cave of the Silken Webs
蜘蛛精们住的地方,因为外围常有蜘蛛丝缠绕,所以叫盘丝洞。
The place where the spider demons live. Since it is cocooned in spider silk, it is called the Cave of the Silken Webs.

2. 蜘蛛精 Spider Demon
由蜘蛛变成的妖怪,经常变成美女兴妖作怪,祸害人畜,打斗激烈时就会敞开怀,露出雪白的肚子,肚脐眼丝绳乱冒。
Demons which are transformed from spiders. They often turn into beauties to hurt humans and animals. When engaged in fierce fighting, they would expose their white bellies so that their navel would spew silk threads to attack their rivals.

二、思考题 Reading Comprehension Questions

1. 唐僧不小心进了谁的家？
2. 女妖怪都是什么变的？
3. 孙悟空想了什么办法对付女妖怪？

二十九、黄花观[1]遇危险

故事正文 Story

唐僧师徒离开盘丝洞,走了两天,来到了黄花观。他们刚走进去,就有一个道士出来迎接。道士很欢迎他们,让人给他们准备了水和吃的东西。

这个道士就是盘丝洞七个女妖怪的师兄,现在这七个妖怪正躲在这里。听到唐僧来了,女妖怪们连忙派人把师兄请进房间,把盘丝洞发生的事情告诉了他,并且请求师兄为她们报仇。道士听了,对她们说:"你们放心,我会替你们报仇的。"

道士拿出一包毒药①,把它放在唐僧师徒喝水的杯子里,想要杀了他们。孙悟空没有喝,但是,唐僧、猪八戒和沙和尚都把杯子里的水喝了。过了一会儿,三个人就晕倒了。孙悟空看见这情景,

① 毒药 n. poison
e.g. 水里有毒药,千万不能喝。

拿起杯子就朝道士砸去。他生气地问:"你们为什么要这么做?"道士说:"你们在盘丝洞欺负我的师妹①,我要替她们报仇。"于是,孙悟空就和道士打了起来。七个女妖怪也来帮忙。孙悟空打不过他们,只好暂时离开了。然后,女妖怪们又吐出白丝把黄花观包了起来。

孙悟空拿出一根猴毛,念了个咒语,变出了七十只小猴子,这七十只小猴子拿着兵器,把包着黄花观的白丝都弄断了,然后又把七个女妖怪抓了起来。孙悟空命令道士交出解药②,不然就杀死七个女妖怪。道士想吃唐僧,不给孙悟空解药。孙悟空生气地把七个女妖怪都杀死了,然后又跟道士打了起来。打着打着,道士突然脱下衣服,孙悟空一看,他的身上❶竟然长着一千只眼睛,

① 师妹 *n.* junior female fellow apprentice
e.g. 他们跟着一个老师学习很久了,她是他的师妹。
② 解药 *n.* antidote
e.g. 我们得赶紧去找解药,不然他们就死了。
❶ 身上 *n.* body
e.g. 我把钱放在了身上。

可以放出金色①的光。这些金色的光比刀还硬，十分危险。孙悟空赶紧逃跑了。

孙悟空没有办法从妖怪手里拿到解药，忍不住哭了起来。这时候，有一个老人走到他的旁边，问他为什么哭，孙悟空把事情说了一遍。老人告诉孙悟空，只有毗蓝婆[2]才能把道士抓起来。

孙悟空来到毗蓝婆的家请毗蓝婆帮忙。毗蓝婆答应帮助孙悟空抓道士，两个人一起来到黄花观。毗蓝婆躲在云里，让孙悟空把妖怪引出黄花观。道士看见孙悟空又来了，马上脱下衣服，一千只眼睛放出金色的光。这时候，毗蓝婆取出一根针一样的东西，扔到金色的光里，扎瞎了道士的一千只眼睛。道士变回了本来的样子，原来他是一只蜈蚣精[3]。

① 金色 adj. golden
e.g. 她的头发是金色的。

孙悟空想杀死蜈蚣精，毗蓝婆阻止了他，让他先去救唐僧。孙悟空找到唐僧、猪八戒和沙和尚三个人，毗蓝婆把解药给了孙悟空。过了一会儿，三个人都醒了。唐僧急忙向毗蓝婆表示感谢。毗蓝婆带着蜈蚣精走了。孙悟空告诉猪八戒："毗蓝婆是一只母鸡①，因此能抓蜈蚣精。"

唐僧师徒四人在黄花观吃完了饭，又继续向西走去。

① 母鸡 n. hen
e.g. 我家养了两只母鸡。

一、词语注释 Notes

1. 黄花观 Huanghua Temple
道观的名字。
The name of a Taoist temple; literally meaning Yellow Flower Temple.

2. 毗蓝婆 Pilanpo Bodhisattva
一位菩萨，住在紫云山千花洞，是昴日星官的母亲，法力无边，大慈大悲。

She is the mother of the Star Lord of the Pleiades and lives in the Thousand Flowers Cave of the Purple Clouds Mountain. She is omnipotent yet shows mercy to others.

3. 蜈蚣精 Centipede Demon

由蜈蚣修炼成的妖怪。他身居黄花观,是盘丝洞的七个蜘蛛精的师兄,是个炼制丹药的道士。

A monster transformed from a centipede. He lives in Huanghua Temple and is brother apprentice of the seven spider demons in the Cave of Silken Webs. He is a Taoist priest who is adept at making the elixir of life.

二、思考题 Reading Comprehension Questions

1. 黄花观里的道士和蜘蛛精是什么关系?
2. 那个道士的什么本领最厉害?
3. 最后是谁帮助了孙悟空?

三十、比丘国[1] 抓妖怪

故事正文 Story

一天，唐僧师徒来到了比丘国。他们看见很多人家的门外都放着一个笼子，还用布盖着，不知道装的是什么。孙悟空觉得很奇怪，就偷偷把布揭①开看了一下，才发现笼子里都是五六岁的男孩子。

唐僧很好奇，就向行人询问原因。行人告诉唐僧："三年以前，有一个道士把女儿嫁给了国王。国王很喜欢道士的女儿，每天都跟她在一起。现在国王生病了，医生使用了所有的办法进行治疗，国王仍然没有恢复。后来，道士告诉了国王一个办法：用一千一百一十一个男孩子的肝②做药，国王吃了药，身体就能好，而且还可以长生不老。笼子里的孩子都是做药的，明天就要被杀了。"

① 揭 v. uncover, lift
e.g. 他把纸从墙上揭了下来。

② 肝 n. liver
e.g. 肝对人来说很重要，要保护好它。

唐僧师徒听了都非常生气。于是，孙悟空念了一个咒语，突然刮起一阵风，笼子都被吹到山上去了。

唐僧去找国王换通关文牒，孙悟空变成一只蜜蜂跟着唐僧。孙悟空仔细观察了站在国王旁边的道士，看出他是一个妖怪。唐僧换了通关文牒就回去了，孙悟空留下偷听❶国王和道士说话。

这时候，有人向国王报告："孩子都被大风吹走了。"国王听了，非常着急。道士却对国王说："您不用着急，用唐僧的心脏做药，吃了也可以长生不老。"于是，国王马上派人去抓唐僧。孙悟空连忙回去找唐僧。为了保护师父，孙悟空把唐僧变成了自己的样子，然后自己又变成了唐僧的样子。

❶ 偷听 v. eavesdrop
e.g. 外面有人偷听我们说话。

一会儿，国王派的人就来了，他们把假唐僧抓走了。

假唐僧看见国王就问："您找我有什么事情？"道士抢着说："国王需要你黑色❶的心脏做药。"假唐僧一点儿也不害怕，他拿着刀划开肚子，取出一堆心脏，有红的、白的、绿的，就是没有黑的，吓得国王连忙说："你放回去吧，我不要了。"

这时候，孙悟空恢复了本来的样子，说："我没有黑心脏，不过道士却有，正好给国王做药。如果你们不相信，我就把道士的心脏拿来给你们看看。"

道士看见孙悟空后，吓得赶紧逃。孙悟空拦住道士，和他打了起来。道士打不过孙悟空，于是就带着女儿逃跑了。

这时候，国王才发现自己被道士骗

❶ 黑色 n. black
e.g. 他今天穿了一件黑色的衣服。

了。孙悟空让国王派人把唐僧、猪八戒和沙和尚接来。孙悟空念了一个咒语，让唐僧恢复了原来的样子。孙悟空问国王："那个道士住在什么地方？"国王对孙悟空说："他住在清华庄[2]。"

孙悟空和猪八戒来到清华庄，闯进了妖怪的家。猪八戒一下就把女妖怪打死了，原来她是一只狐狸精[3]。老妖怪看见狐狸精被打死了，更加害怕了，赶紧往外逃。这时候，老寿星[4]来了。他用帽子一盖，就把妖怪抓了起来。老寿星对孙悟空说："这妖怪是我养的鹿，趁我不注意，偷了我的宝贝来到比丘国，还想吃了唐僧。我发现后，就马上来了。你们就不要杀它了。"

孙悟空回到比丘国，跟国王说明了

shìqing de jīngguò. Guówáng shífēn cánkuì, tā xiàng dàjiā
事情的经过。国王十分惭愧，他向大家
bǎozhèng, yǐhòu zàiyě bú zuò huàishì le. Sūn Wùkōng
保证，以后再也不做坏事❶了。孙悟空
láidào shān shang, bǎ lóngzi li de háizi dōu sònghuíle jiā.
来到山上，把笼子里的孩子都送回了家。

❶ 坏事 *n.* evil deed
e.g. 他做了很多坏事，现在终于受到惩罚了。

一、词语注释 Notes

1. 比丘国 Bhikkhu State
国家的名字。
The name of a state.

2. 清华庄 Qinghua Village
妖怪住的地方。
The place where monsters live.

3. 狐狸精 Fox Demon
由狐狸变成的妖怪。
A fox that transforms into a demon.

4. 老寿星 The Star of Longevity
又称南极老人星，中国古代神话中的长寿之神。
Also known as the Elderly Star of the South Pole. He is believed to be the god of longevity according to ancient Chinese mythology.

二、思考题 Reading Comprehension Questions

1. 笼子里装的都是什么？
2. 国王要用什么做药？
3. 这两个妖怪都是什么变的？

三十一、抓老鼠精 [1]

故事正文 Story

一天,唐僧师徒来到一片森林。唐僧饿了,孙悟空就去找吃的。孙悟空离开时,让唐僧和猪八戒、沙和尚三个人在森林里等他,哪儿都不要去。

三个人坐在石头上等孙悟空。突然,唐僧听见有人喊"救命❶"。唐僧和徒弟们赶紧跑过去。他们跑到一棵大树下,看见一个女人被绑在树上。她告诉唐僧,她遇到了强盗,所以才被绑了起来。

唐僧连忙叫猪八戒去救那个女人。猪八戒刚要救人,孙悟空突然出现了,他拦住猪八戒,说:"不要救她,她是妖怪。"唐僧相信了孙悟空,没有再理那个女人。当他们要离开的时候,那个女人生气地说:"你看见别人有危险都不救,

❶ 救命 v. save one's life
e.g. 救命啊,着火啦!

西游记 Journey to the West

有什么资格去取佛经。"唐僧听到女人说的话，十分后悔没有救人。他又回到大树下，从树上救下那个女人，带着她继续往西走。

到了晚上，他们来到一座寺庙休息。寺庙里的和尚问唐僧："这个女人在什么地方休息？"唐僧知道和尚怀疑他和女人的关系，连忙跟他们解释。于是，这个女人就被安排到单独的房间休息。到了早上，唐僧觉得身体不舒服。于是，唐僧师徒又在这里住了三天。

有一天，孙悟空去厨房取水，看见和尚们哭得很伤心，就问他们怎么了。和尚们说："寺庙里有妖怪，已经吃了六个和尚了。"晚上，孙悟空变成一个小和尚，在房间里念佛经。突然，刮起一阵风，一个妖怪伸出又尖❶又长的

❶ 尖 *adj.* pointed, sharp
e.g. 他的手指又尖又长。

手指来抓孙悟空。孙悟空看见妖怪出现，拿出金箍棒就朝妖怪打去。妖怪脱下一只鞋❶，把鞋变成了自己的样子，代替自己跟孙悟空打。然后她来到唐僧的房间，把唐僧抓走了。

孙悟空打倒了妖怪，发现是一只鞋，马上知道唐僧有危险。他急忙赶到唐僧的房间，可是唐僧已经被妖怪抓走了。猪八戒和沙和尚还在睡觉。孙悟空赶紧把他们叫醒，生气地说："师父都被抓走了，你们居然还在睡觉！"

孙悟空带着猪八戒和沙和尚回到森林里，找到了妖怪的家。可是妖怪却不在家。这时候，孙悟空在妖怪的家里看见了两个牌位①，上面写着：爸爸托塔李天王[2]，哥哥哪吒[3]。孙悟空拿着牌位来到天宫，对玉帝说："托塔李天王的

① 牌位 n. memorial tablet
e.g. 他家里放着他奶奶的牌位。

❶ 鞋 n. shoes
e.g. 我买了一双新鞋。

西游记 Journey to the West

女儿抓了我的师父,牌位就是证据。"玉帝派人叫来托塔李天王和哪吒,向他们询问情况。托塔李天王生气地说:"我有三个儿子和一个女儿,女儿刚七岁,怎么能去当妖怪!这个猴子在骗人。"孙悟空笑着说:"我说的是真的。"哪吒对托塔李天王小声❶说:"爸爸,以前咱们抓了一只老鼠精,后来把她放了,她感激我们,就叫你爸爸,叫我哥哥。您忘记了吗?"托塔李天王想起来了,他连忙走到孙悟空旁边,请求孙悟空原谅。

托塔李天王和哪吒带人来到妖怪住的地方,抓了老鼠精,救出了唐僧。唐僧师徒继续向西天走去。

❶ 小声 *n.* low voice
e.g. 孩子们都睡觉了,你小声一点儿。

一、词语注释 Notes

1. 老鼠精 Mouse Demon
由老鼠变成的妖怪。
A mouse that transforms into a demon.
2. 托塔李天王 Pagoda Bearing Heavenly King
天宫里一位很重要的神仙，他武艺超群，法力深厚，又对玉帝忠心耿耿，在天界享有崇高而又重要的地位。
An important immortal in the heavenly palace. He not only excels in martial arts, but also shows his allegiance towards Jade Emperor, thus enjoying a sublime reputation in heaven.
3. 哪吒 Nezha
托塔李天王的三儿子，也是天上的神仙。
The third son of Pagoda Bearing Heavenly King and an immortal in heaven.

二、思考题 Reading Comprehension Questions

1. 寺庙里的和尚被谁杀死了？
2. 孙悟空到天宫里去干什么？
3. 老鼠精真的是托塔李天王的女儿吗？

三十二、灭法国[1]收徒弟

故事正文 Story

一天，唐僧师徒来到灭法国，孙悟空问："这个国家为什么要叫灭法国呢？"唐僧没有回答。这时候，一个妇女朝他们走来，着急地说："你们不要再走了，前面就是灭法国，国王非常恨和尚，发誓①要杀一万个和尚，已经杀了九千九百九十六个了。"

唐僧师徒听了，都不敢再往前面走了。孙悟空想了一会儿，说："我们可以假装灭法国的老百姓，今天晚上暂时住在旅馆②里，明天早上就走。"大家都赞成，于是每个人都换上老百姓的衣服，戴上帽子，然后进了灭法国。

到了旅馆，老板问他们是做什么的。孙悟空回答："我们是做生意的。"猪八戒饿了，不耐烦地说："老板，你快给我们拿

① 发誓 v. swear
e.g. 他发誓以后不再做坏事了。
② 旅馆 n. hotel
e.g. 今天晚上我们就住旅馆吧。

些吃的来。"老板笑着说:"好,好。我马上就去给你们炒些羊肉。"唐僧听了,连忙对孙悟空说:"他要是拿羊肉来,我们谁敢吃啊?"孙悟空又把老板叫来,对他说:"我们今天不想吃羊肉,你做些蔬菜就可以了。安排房间的时候,你要给我们找一个又暗又安静的地方,最好是不透风的。"老板回答说:"除了外面那个大箱子①,我们没有不透风❶的房间。"孙悟空说:"好,我们就住那个大箱子里吧。"

晚上,唐僧师徒累了,就进大箱子里睡觉了。孙悟空觉得箱子外有人,为了不让别人怀疑他们的身份,孙悟空故意说:"我们这次赚了很多钱,终于可以回家娶老婆了。"

原来,箱子外的人是一群强盗。

① 箱子 *n.* box
e.g. 箱子太重了,我抬不动。

❶ 透风 *v.* let in air
e.g. 这个房间不透风。

他们听了孙悟空说的,悄悄地把箱子抬走了,打算先抢钱,再把箱子里的人杀了。强盗们刚走,国王的士兵们就追来了。强盗们害怕了,扔下箱子逃跑了。士兵们抬着箱子,准备明天早上再报告国王。这时候,八戒醒了,问孙悟空发生了什么事情。孙悟空叫他别说话,自己开始想办法。如果国王看见唐僧师徒,一定会发现他们是和尚。孙悟空想了很久,终于想到了一个好主意。他变成一只蝴蝶,飞出了箱子。他先变出许多个小猴子,又变出许多瞌睡虫。然后他把附近的神仙都找来,叫他们把瞌睡虫带进王宫①,放在每个人的脸上。等瞌睡虫发挥作用的时候,孙悟空带着小猴子们把王宫里所有人的头发都剪光了。

① 王宫 *n.* royal palace
e.g. 他们来到王宫找国王。

早上，国王和王后①都醒了，他们吃惊地发现自己的头发没有了。为了不被别人看见，国王和王后都戴上了帽子。当看见皇宫里的人都戴着帽子的时候，国王害怕了。王后哭着说："都是你的错，非要杀和尚。"国王认为这是报应②，再也不敢随便杀人了。后来，国王不但没有杀唐僧师徒，而且还做了唐僧的徒弟。灭法国的名字也被改成了钦法国[2]。从此，钦法国里的和尚再也不用躲藏了。唐僧师徒又出发了。

① 王后 n. queen
e.g. 王后长得很漂亮。
② 报应 n. due punishment
e.g. 他做了很多坏事，终于得到了报应。

一、词语注释 Notes

1. 灭法国 Miefa (Dharma Eliminating) State
唐僧取经经过的国家之一。国王与"佛"有仇，为了报仇，国王许下一个罗天大愿，要杀掉一万名僧人做圆满。

A state through which Monk Xuanzang passes during his journey in search of the Buddhist scriptures. Because the king of this state harbors hatred towards the Buddha, he vows to kill 10,000 monks to achieve perfection.

2. 钦法国 Qinfa (Dharma Respecting) State
灭法国改名后的名字。
The new name of Miefa State.

二、思考题 Reading Comprehension Questions

1. 妇女为什么劝唐僧师徒不要进灭法国？
2. 唐僧师徒进灭法国时，假装成了什么？
3. 国王为什么不再杀和尚了？

三十三、玉华国[1]丢兵器

故事正文 Story

唐僧师徒继续向西走,走到了玉华国。老百姓从来没有看见过会说话的猴子和猪,以为孙悟空和猪八戒是妖怪,赶紧去找国王。国王派自己的三个儿子去抓妖怪。大王子的兵器是棒,二王子的兵器是耙①,三王子的兵器是杖②。孙悟空拿出自己的金箍棒,把它变大,放在地上,然后对大王子说:"我的兵器也是棒,你如果能把它拿起来,我就把它送给你。"可是无论大王子怎么使劲儿,都没有把金箍棒拿起来。

二王子举起耙要打八戒,八戒笑着说:"你那把小耙是我这把大耙的孙子。"说完,举起自己的耙把二王子的耙弄断了。三王子要拿杖去打沙僧,可是却被沙僧的杖拦住了。孙悟空、猪

① 耙 n. rake
e.g. 猪八戒的耙很厉害。
② 杖 n. cane; walking stick
e.g. 他用杖把她打晕了。

八戒、沙僧又显示出了各自的本领，三个王子很佩服，非要做他们的徒弟。孙悟空、猪八戒和沙僧都很高兴地答应了。

孙悟空做了大王子的师父，八戒做了二王子的师父，沙僧做了三王子的师父。他们不但认真地教王子们本领，而且还让人按照自己兵器的样子，分别给三位王子做兵器。

可是，三位王子的兵器还没有做完，孙悟空、猪八戒和沙僧的兵器就被人偷走了。猪八戒怀疑是做兵器的人偷了他们的兵器，大王子却不相信，他对猪八戒说："我们玉华国的老百姓都很老实，他们一定不会偷东西的。"孙悟空想了想，问王子："玉华国附近有没有妖怪？"二王子回答："这附近有座山，据说山上住着一个妖怪，不知道是不是真的。"

不管是不是真的,孙悟空都决定去看看。

于是,孙悟空带着猪八戒、沙僧到了那座山。就在他们不知道往哪儿走的时候,两个小妖怪朝它们走来。一个小妖怪一边走一边议论说:"大王①弄来的三件宝贝真厉害。"另外一个小妖怪也说:"是啊,是啊。我们赶紧去买几头②猪,为大王庆祝。"猪八戒对孙悟空说:"我们的兵器肯定被它们的大王偷走了,现在我就去找回我的兵器。"孙悟空说:"你先别着急,我有好办法。"说完,孙悟空就拦住那两只小妖怪,抢了它们的衣服,又把它们打晕了。孙悟空和猪八戒回到玉华国,让国王为他们准备几头猪,然后他们穿上那两个小妖怪的衣服,变成了小妖怪的样子,让沙僧假装成

① 大王 *n.* king
e.g. 我们必须听大王的命令。
② 头 *m.w.* (used for certain domestic animals)
e.g. 他家养了三头猪。

卖猪的人。一切都准备好后,三个人又来到了那座山上。

孙悟空跟着几个小妖怪到了一个山洞。这时候,它们的大王黄狮精[2]正好从山洞里走出来。黄狮精看见卖猪的人也跟着来了,很不高兴地问:"你怎么把他也带来了?"孙悟空说:"我们买猪的钱不够,他就跟着我们来取了。"黄狮精对一个小妖怪说:"你去取一点儿钱给这个人。"孙悟空着急了,如果他们没有办法进山洞,就不能拿回兵器。这时候,沙僧笑着对黄狮精说:"大王,我跟着他们来,其实就想看看您的宝贝,欠我的钱我不要了。"黄狮精还没有答应,孙悟空就拉着猪八戒、沙僧进山洞了。进去后,他们立刻发现了自己的兵器。猪八戒赶紧跑过去拿回自己的耙。黄狮精生气地问:"你们是谁?为什么要来抢我的宝贝?"孙悟空说:"你偷了我们的兵器,还敢说是你的宝贝?"打了一会儿,黄狮精就逃了。最后,三个人带着自己的兵器回玉华国了。

一、词语注释 Notes

1. 玉华国 Yuhua State

国家的名字。

The name of a state.

2. 黄狮精 Tawny Lion Demon

由狮子变成的妖怪。

A demon transformed from a lion.

二、思考题 Reading Comprehension Questions

1. 三个王子为什么要打唐僧师徒?
2. 三个王子的师父分别是谁?
3. 兵器被谁偷走了?

三十四、收服九头狮子精 [1]

故事正文 Story

孙悟空带着猪八戒和沙和尚把黄狮精赶走，拿回了自己的兵器。黄狮精急忙逃到竹节山[2]，请求九头狮子精帮忙。九头狮子精本事很厉害，黄狮精叫他爷爷。

九头狮子精听说黄狮精被打败了，就带着一群小狮子精去给黄狮精报仇。于是，孙悟空、猪八戒、沙和尚和他们打了起来。打了一会儿，猪八戒被黄狮精抓了，沙和尚也差点儿被抓。孙悟空看见这情景，赶紧变出一百多只小猴子，继续和狮子精们打。最后，狮子精们都逃跑了。

过了几天，黄狮精又来到玉华国，跟孙悟空打。这时候，九头狮子精出现了。他的九个脑袋都张着大口，把唐僧和国王父子①抓走了。孙悟空带着沙和尚急忙来到九头狮子精的家，让妖怪把师父和国王父子放了。九头狮子精走出大门，又变出九个脑袋，张着大嘴把孙悟空和沙和尚也抓了起来。孙悟空被绑上，九头狮子精让人先打孙悟空一顿，为黄狮精报仇。可是打了很久，孙悟空也没有受伤。

到了晚上，九头狮子精睡觉了。孙悟空念了个咒语，把自己的身体变小，从绳子里逃了出来。他又救了猪八戒和沙和尚，三个人一起逃出了妖怪的家。九头狮子精知道了，马上来追，沙和尚跑得慢，又被抓回去了。

孙悟空听人说，想要抓九头狮子精，就必须去天宫请太乙救苦天尊[3]

① 父子 n. father and son
e.g. 他们父子的感情很好。

帮忙。孙悟空马上去找太乙救苦天尊，跟他说明了情况。太乙救苦天尊立刻派人去关狮子的笼子看，笼子里的九头狮子精果然逃跑了。于是，太乙救苦天尊马上跟着孙悟空来到竹节山。

太乙救苦天尊让孙悟空先把妖怪从山洞里引出来。孙悟空来到妖怪的家，在门外喊："妖怪，你赶快把我师父放了。"九头狮子精看见孙悟空又来了，十分生气，他直接变化出九个脑袋，朝孙悟空咬去。这时候，太乙救苦天尊突然出现。那个九头狮子精看见自己的主人来了，非常害怕，马上跪下，变回本来的样子。太乙救苦天尊骑着九头狮子精回到了天宫。

孙悟空来到妖怪的家，救出了唐僧和国王父子。然后他们继续向西天走去。

一、词语注释 Notes

1. 九头狮子精 Nine-headed Lion Demon
是神仙太乙天尊的坐骑——九头狮子，他法力高强，并且辈分很高，其他的狮子妖怪都管他叫爷爷。
A lion with nine heads, on which the Compassionate Deliverer from Suffering rides. He has great power and high seniority, so the other lion demons call him grandpa.

2. 竹节山 Bamboo Linked Mountain
山的名字。
The name of a mountain.

3. 太乙救苦天尊 Compassionate Deliverer from Suffering
道教中的神仙，法力高强，在神仙中的地位也很高。
A Taoist immortal who possesses great power and enjoys a high prestige among immortals.

二、思考题 Reading Comprehension Questions

1. 黄狮精去找谁帮忙？
2. 孙悟空到天宫找谁帮忙？
3. 九头狮子精的主人是谁？

三十五、收服犀牛精 [1]

故事正文 Story

金平府[2]有一个风俗：每年元宵节[3]的灯笼①都要使用一种非常贵的灯油❶。据说佛祖[4]非常喜欢这种灯油，每年都会来金平府把灯油拿走，因此老百姓必须花钱买这种灯油。

唐僧师徒来到这里，正好赶上元宵节，就和老百姓一起看灯笼。突然，天空刮起一阵风，吓得看灯笼的人都跑了。大家都说："这是佛祖要来了，我们赶快离开吧。"唐僧听到佛祖要来，坚持要留下来。果然，有三位佛祖出现在天空中，唐僧急忙跪②下，孙悟空却看出这三个佛祖其实是妖怪变的。孙悟空来不及跟唐僧说，一阵风刮来，唐僧就消失了。猪八戒和沙和尚赶紧到处去找，孙悟空说："不用找了，

① 灯笼 n. lantern
e.g. 过春节的时候，每家都要挂灯笼。

② 跪 v. kneel
e.g. 他跪在地上，请求他女朋友嫁给他。

❶ 灯油 n. lamp oil
e.g. 灯油快用完了，你再去拿一些来。

师父被妖怪抓走了。你们两个保护行李和马,我去救师父。"说完就跟着那阵风追妖怪去了。

孙悟空追了一个晚上,跟着妖怪来到玄英洞[5],三个妖怪就住在这里。孙悟空站在门外喊:"妖怪,赶快把我师父放了,不然把你们都杀死。"

玄英洞里住着三个妖怪,他们在金平府拿走了灯油,又抓了唐僧,正准备油炸❶唐僧。听到孙悟空来了,他们走出玄英洞,跟孙悟空打了起来。这三个妖怪的脑袋上长着两只角,身材高大,特别有力气。孙悟空不是三个妖怪的对手,只好暂时离开,去找猪八戒和沙和尚帮忙。

到了晚上,妖怪们都睡觉了。孙悟空变成一只小蜜蜂,悄悄来到玄英

❶ 油炸 v. deep fry
e.g. 我不喜欢吃油炸的食物。

洞，找到唐僧。唐僧正在哭呢，看见昆虫，他想："现在天气很冷，怎么会有昆虫呢？这一定是孙悟空变化的。"孙悟空刚取下师父身上的绳子，就被妖怪发现了。他只好把唐僧留在玄英洞，自己先离开。这个时候，猪八戒和沙和尚跟妖怪打了起来。由于不是妖怪的对手，他们被妖怪抓走了。

孙悟空只好来到天宫请求玉帝帮忙。玉帝向孙悟空询问妖怪的情况，孙悟空说了妖怪的样子和本领。有人辨认出这三个妖怪是犀牛精，四木禽星[6]可以把他们抓起来。玉帝就派四木禽星去抓犀牛精。四木禽星跟着孙悟空来到玄英洞，对孙悟空说："你先把那三个妖怪引出玄英洞。"

孙悟空来到玄英洞门外，要求三个

西游记 Journey to the West

yāoguai bǎ Tángsēng fàng le . Sān gè yāoguai zǒuchū Xuányīng
妖怪把唐僧放了。三个妖怪走出玄英
Dòng, gēn Sūn Wùkōng dǎle qǐlai . Zhè shíhou , Sìmù
洞，跟孙悟空打了起来。这时候，四木
Qínxīng tūrán chūxiàn , duì yāoguai shuō: " Dàdǎn ❶ de
禽星突然出现，对妖怪说："大胆❶的
Xīniújīng , jìngrán gǎn dòngshǒu? " Sān gè yāoguai kànjian
犀牛精，竟然敢动手？"三个妖怪看见
Sìmù Qínxīng , fēicháng hàipà . Tāmen huīfùle xīniú de
四木禽星，非常害怕。他们恢复了犀牛的
yàngzi , cóng sān gè fāngxiàng táozǒu le .
样子，从三个方向逃走了。
Sìmù Qínxīng hé Sūn Wùkōng gēnzhe yāoguai , yìzhí
四木禽星和孙悟空跟着妖怪，一直
zhuīdàole lónggōng . Lóngwáng yě fāxiànle zhè sān gè
追到了龙宫。龙王也发现了这三个
yāoguai , tā pài rén zài qiánmian lánzhe yāoguai , bāngzhù Sūn
妖怪，他派人在前面拦着妖怪，帮助孙
Wùkōng zhuā rén . Jīngguò dàjiā de nǔlì , sān zhī Xīniújīng
悟空抓人。经过大家的努力，三只犀牛精
zhōngyú bèi zhuāle qǐlai .
终于被抓了起来。
Sìmù Qínxīng dàizhe sān gè yāoguai huídàole tiāntíng .
四木禽星带着三个妖怪回到了天庭。
Sūn Wùkōng zé láidào Xuányīng Dòng jiùchūle shīfu hé Zhū
孙悟空则来到玄英洞救出了师父和猪
Bājiè , Shā Héshang , ránhòu huídào Jīnpíng Fǔ , gàosu
八戒、沙和尚，然后回到金平府，告诉
lǎobǎixìng: dēngyóu bú shì fózǔ názǒu de , ér shì yāoguai
老百姓：灯油不是佛祖拿走的，而是妖怪
ná de . Xiànzài yāoguai yǐjīng bèi zhuā le , Jīnpíng Fǔ de
拿的。现在妖怪已经被抓了，金平府的
lǎobǎixìng cóngcǐ zàiyě búyòng huā qián mǎi dēngyóu sòng gěi
老百姓从此再也不用花钱买灯油送给

❶ 大胆 adj. bold, daring
e.g. 你居然偷我的东西，你太大胆了。

妖怪吃了。老百姓都非常感激唐僧师徒，想请他们吃东西。唐僧师徒拒绝了，他们悄悄离开金平府，继续向西走。

一、词语注释 Notes

1. 犀牛精 Rhinoceros Demons
犀牛变成的三个妖怪，分别叫辟寒大王、辟暑大王和辟尘大王：辟寒大王手使一把钺斧，是妖精的首领；辟暑大王使用一杆大刀；辟尘大王使的是少见的奇挞藤。三妖怪都能飞云步雾，多种变化。
Three demons transformed from rhinoceroses. They are called King of Cold Protection, King of Heat Protection, and King of Dust Protection. King of Cold Protection, as the head of the three demons, is armed with a battleaxe, while King of Heat Protection and King of Dust Protection are equipped with a broadsword and a rattan whip respectively. They can fly and take on different forms.

2. 金平府 Jinping Prefecture
地名。
The name of a prefecture.

3. 元宵节 Yuanxiao Festival
农历正月十五元宵节，又称为"上元节"、春灯节，是中国的传统节日。

Also called Lantern Festival, it falls on the fifteenth day of the first month of the Chinese Lunar Calendar. It is a traditional festival celebrated in China.

4. 佛祖 Guatama Buddha

指佛。

The Buddha.

5. 玄英洞 Xuanying Cave

山洞的名字。

The name of a cave.

6. 四木禽星 Four Wood Beasts of Heavenly Constellations

都是修炼成仙的妖怪，分别是角木蛟、斗木獬、奎木狼、井木犴。角木蛟是与龙形象相似却没有角的神兽；斗木獬是一种外观似羊的神兽，头顶正中有独角，有短尾，尾巴像蜗牛；奎木狼原形是狼；井木犴是镇水的神兽（犴是古代传说中的一种走兽，古代常把它的形象画在牢狱的门上，据说是因为他能辨善恶且好打斗）。

Four immortals transformed from monsters by way of practice, including Wood Dragon of Horn, Wood Insect of Dipper, Wood Wolf of Legs, and Wood Dog of Wells. Wood Dragon of Horn looks similar to a dragon without horns. Wood Insect of Dipper resembles a goat with a horn in the middle of its head and a short tail that looks like a snail. Wood Wolf of Legs originates from a wolf. Wood Dog of

Wells is adept at controlling floods. Its original form is a legendary beast whose image used to be painted on prison doors because it is said to be capable of telling good from evil and likes fighting.

二、思考题 Reading Comprehension Questions

1. 老百姓为什么要买灯油？
2. 来要灯油的佛祖是真的佛祖吗？
3. 谁帮助孙悟空抓走了妖怪？

三十六、玉兔[1]招亲

故事正文 Story

一天，唐僧师徒终于到了天竺[2]。离西天只剩下两千里路，大家都很开心。到了晚上，他们来到一座寺庙，门上写着：布金禅寺[3]。唐僧看了问："这里是不是快到舍卫国[4]了？"猪八戒说："真奇怪，以前师父从来不认识路的，怎么现在倒认识了呢？"唐僧说："我看过一个故事，讲的是舍卫国的人用黄金做地砖①，布满园地。我想寺名叫"布金"，或许就是这里吧。"猪八戒笑着说："太好了，我们进去偷几块黄金吧。"唐僧师徒四人就住在了这个寺庙里。

吃完东西，唐僧在寺庙里散步，忽然听到一个女人在哭。寺庙的和尚说："这个姑娘是在去年的一个晚上被风刮来的。她说自己是天竺的公主。可是公主

① 地砖 *n.* floor tile
e.g. 他家铺的地砖很好看。

西游记 Journey to the West

住在王宫里,哪儿也没有去。我不知道她说的是不是真的,只好把她锁在房间里,对别人说是锁了一个妖怪。这个姑娘十分想家,一直哭个不停。"和尚请唐僧帮忙打听一下公主的消息,唐僧答应了。

唐僧带着三个徒弟来到城市,打听到公主正准备扔绣球①,通过这种方式选择自己的丈夫。孙悟空说:"我们也去看看,顺便了解一下公主的情况。"唐僧和孙悟空跟着人们来到王宫,猪八戒和沙和尚则回到住的地方休息。

原来,有一个妖怪知道唐僧马上要经过天竺,就用一阵风把真公主刮走,自己变成了公主的样子,等唐僧来的时候嫁给他。

这个时候,假公主看见唐僧,非常

① 绣球 n. ball of coloured silk strips
e.g. 中国古代流行用抛绣球的方式找丈夫。

高兴。她拿起绣球，朝唐僧扔去。绣球
正好落在唐僧的帽子上。大家都在喊：
"绣球扔给和尚了！"想娶公主的人看见
唐僧拿着绣球，都准备冲到他这里抢
绣球。孙悟空急忙用自己的猴子脸吓
那些抢绣球的人，把他们都赶走了。
唐僧很生气，对孙悟空说："你这个猴子
怎么能赶人呢，现在应该怎么办啊？"
还没有说完话，一群人从王宫里走
出来，对唐僧说："恭喜你，就要当公主
的丈夫了。"然后拉着他往王宫里走。
国王知道女儿选择了一个和尚做
丈夫，很不高兴。假公主对国王说："他
拿到了绣球，我就必须嫁给他。您不能骗
老百姓啊。"国王听了假公主说的话，
觉得很有道理，就答应让唐僧当公主
的丈夫。唐僧没有办法拒绝，只好请

西游记 Journey to the West

国王派人找来三个徒弟，让他们想想办法。孙悟空回到住的地方，把事情告诉了猪八戒和沙和尚。猪八戒十分后悔没有跟着去。三个人接到国王的命令，一起来到王宫。国王对三个徒弟说："你们去西天吧，唐僧就留在天竺，娶我的女儿。"孙悟空痛快地答应了。他带着猪八戒、沙和尚准备离开王宫。唐僧十分着急，他拉着孙悟空的胳膊说："你们不要我了？"孙悟空对着唐僧眨❸了一下眼睛，说："师父，你就留在这里娶公主吧，我们以后再来看望你。"唐僧不知道孙悟空想干什么，只好把手放开。孙悟空刚走出王宫，就让猪八戒和沙和尚藏起来，自己变成一只小蜜蜂，重新回到王宫，落❶在唐僧的

---

❶ 落 v. fall
e.g. 一片叶子落在了地上。

帽子上，悄悄对唐僧说："师父，我来了。"唐僧听到孙悟空的声音就放心了。

过了一会儿，婚礼时间到了。公主走到唐僧旁边，孙悟空看出公主是一个妖怪，就对唐僧说："师父，公主是假的。"唐僧说："一会儿再抓她，不要吓着国王。"

孙悟空十分着急，他没有听唐僧的话，拿出金箍棒朝着假公主打去。唐僧连忙对国王说："公主是假的，她其实是一个妖怪。"国王听了唐僧的话，知道自己被假公主骗了。

妖怪不敢和孙悟空打，变成一阵风逃走了。孙悟空跟着妖怪来到她的家。正准备杀死妖怪时，嫦娥赶来，对孙悟空说："别杀她！它是我养的玉兔，偷着来到天竺，还想跟唐僧结婚，我一定好好教训它。"孙悟空说:"原来它是你的宠物啊,那我就不杀它了。"嫦娥仙子带着玉兔来到王宫,跟国王说明了情况,就回家去了。

孙悟空带着国王回到布金禅寺,救了真公主。唐僧师徒四人又朝着西天走去。

一、词语注释 Notes

1. 玉兔 Jade Rabbit
嫦娥养的兔子。
The rabbit raised by Chang'e.

2. 天竺 Tianzhu Kingdom
古代中国以及其他东亚国家对当今印度和其他印度次大陆国家的统称。这里指快靠近西天的地方。
This term was used in ancient China and other East Asian nations to refer to the present-day Indian subcontinent. Here it refers to the place closest to Western Heaven.

3. 布金禅寺 Spread Gold Monastery

寺庙的名字，在天竺国里。

A monastery in Tianzhu Kingdom, in present-day India.

4. 舍卫国 Sravasti

国家的名字。佛祖曾经在这里居住过。

The name of an ancient state in present-day India, where the Buddha once stays.

二、思考题 Reading Comprehension Questions

1. 唐僧怎么知道快到舍卫国了？
2. 寺庙里关的女人到底是谁？
3. 假公主是谁变的？

三十七、西天取佛经

故事正文 Story

唐僧师徒经历了许多磨难[1]，终于到了西天。他们一边看美丽的风景，一边向大雷音寺[1]走去。

走着走着，一条大河出现了。唐僧师徒正在想怎么过河，这时候，一只小船向他们划过来。船夫[2]对他们喊："想过河的请上船。"孙悟空用火眼金睛看出来了，船夫是佛祖变的，但是他没有告诉大家。

船过来了，唐僧才看清楚，那只小船竟然没有底，他不敢上船了。趁唐僧不注意的时候，孙悟空使劲儿一推，把唐僧推进了船里。然后，孙悟空带着猪八戒、沙和尚和白龙马也上了船。虽然船没有底，但是大家好像站在陆地上一样，非常安全。

① 磨难 n. adversity
e.g. 他经历了很多磨难，终于成功了。
② 船夫 n. boatman
e.g. 船夫很热情地送我们过了河。

西游记 Journey to the West

等船夫带大家过了河，唐僧就带着徒弟们去见如来佛祖。如来佛祖高兴地让阿难[2]、迦叶[3]带大家去取佛经。可是，到了藏经阁[4]，阿难、迦叶却不让大家取佛经。他们对唐僧师徒说："把礼物拿出来吧。"唐僧师徒都觉得很奇怪。唐僧问："什么礼物啊？"阿难、迦叶回答："没有礼物，你们就不能取佛经。"唐僧赶紧说："我们从那么远的地方来，没有准备礼物。请你们原谅，把佛经给我们吧。"可是阿难、迦叶就是不给。孙悟空生气地喊："我现在就去告诉如来佛祖。"阿难、迦叶赶紧说："您何必生气呢，我现在就给你们拿佛经。"

唐僧师徒取了佛经，高兴地走了。燃灯古佛[5]知道阿难、迦叶给唐僧师徒的是假佛经，于是叫白雄尊者[6]去追他们。

白雄尊者变成了一只大鸟，从天上冲下来，抢走了佛经。孙悟空刚要追，白雄尊者就把假佛经扔了下来。大家打开佛经一看，才发现佛经上根本没有字。唐僧伤心地说："我们走了这么远，经历了这么多磨难，才取到佛经，竟然全是假的。"于是，孙悟空带着大家又回到了大雷音寺，去找如来佛祖。如来佛祖笑着说："这件事情我已经知道了。其实给你们的是没有字的佛经，只是你们看不懂。"

如来佛祖又叫阿难、迦叶带着他们去取佛经。这一次，阿难、迦叶仍然要礼物。唐僧只好把紫金钵盂[7]给了他们，才终于取到了佛经。

八大金刚[8]负责送他们回大唐，于是大家跟着八大金刚在天上飞。可是飞着飞着，唐僧师徒却从天上掉了下来。原来，唐僧师徒应该经历八十一个磨难，可是观音菩萨发现，他们才经历了八十个。于是她故意让唐僧师徒掉了下去。大家到了地上后，来到了通天河边。当时背大家过河的老乌龟又来了。可是老乌龟在背唐僧师徒的路上，突然把他们甩下了河，佛经也都掉进河里了。于是，大家赶紧去捞①佛经。这时候，唐僧师徒正好经历了八十一个磨难，完成了取佛经的任务。不仅如此，如来佛祖还让大家做了神仙。

这就是唐僧取佛经的故事。

---

① 捞 v. scoop up
e.g. 我的鞋掉水里了，我得赶紧去捞。

一、词语注释 Notes

1. 大雷音寺 Great Leiyin Monastery
如来佛祖居住的地方。
It is the place where the Buddha lives.

2. 阿难 Ananda
如来佛祖的十大弟子之一。
One of the ten great disciples of the Buddha.

3. 迦叶 Maha Kasho
如来佛祖的十大弟子之一。
One of the ten great disciples of the Buddha.

4. 藏经阁 Sutra Storage Pavilion
放佛经的地方。
The place where Buddhist scriptures are kept.

5. 燃灯古佛 Ancient Lightening Buddha
佛祖之一。因其出生时身边一切光明如灯，故称为燃灯佛。在佛经中所记载的许多佛、菩萨都曾是他座下的弟子。
A buddha. When he was born he was surrounded with bright light, so he was later called Lightening Buddha. Many buddhas and bodhisattvas are his disciples based on the recordings of Buddhist scriptures.

6. 白雄尊者 Baixiongzun Disciple

燃灯古佛的座下弟子。

One of the disciples of Ancient Lightening Buddha.

7. 紫金钵盂 Golden Bowl

大唐皇帝李世民赐给唐僧化缘和喝水用的食器。

A container that Emperor Taizong of the Tang Dynasty bestowed upon Monk Xuanzang to beg alms and to drink from on his pilgrimage.

8. 八大金刚 Eight Guardian Warriors

给佛祖护法的神。

Immortals responsible for protecting Dharma for the Buddhist Patriarch.

二、思考题 Reading Comprehension Questions

1. 来接唐僧师徒的小船没有底，孙悟空为什么还把唐僧推了进去？
2. 阿难、迦叶为什么不给唐僧师徒佛经？
3. 八大金刚送唐僧师徒回去的时候，为什么唐僧师徒从天上掉了下去？

相关图书推荐

中国经典故事系列
Collection of Abridged Chinese Classics

- 本书的阅读对象为具有1000汉语词以上外国汉语学习者。这些故事表现了中国古代英雄们神奇的武功、正直的品格、保家卫国与行侠仗义的精神。全书分为三个部分：英文导读、故事正文、思考练习题。

- Target readers of this series are foreign learners of Chinese who have mastered over 1000 Chinese words. Magical kungfu, integral characteristics and the spirit of safeguarding the homeland of ancient Chinese heroes are presented in these stories. Each book is divided into 3 sections: A guide to the story in English, the main story in Chinese and exercises.

中国名著简读系列
Abridged Chinese Classic Series

- 本系列是四大名著《西游记》、《水浒传》、《红楼梦》、《三国演义》以及《家》、《春》、《秋》、《围城》的简读本。

- 该系列读物语言难度控制在 HSK 五级 2500 词以内,每本书包含多个故事,每个故事的字数限定在 1500 字以下。全文标注拼音,书内配有特制的"拼音隐形卡",不需要借助拼音阅读的读者可以用它将拼音遮盖起来阅读。

- The text of all books is limited to the 2,500 characters required by HSK Level 5. There are dozens of stories in each novel, with each one approximately 1,500 characters in length or shorter. The stories are annotated with pinyin. A "pinyin-invisible card" is also provided so that readers who want to read the stories without referring to pinyin can cover it.

当代中国近镜头
China Close - Up

- 《当代中国近镜头》是一套帮助外国朋友了解当代真实中国的系列读物。这些故事从百余个微记录片中精选出来，每个主题独立成册。读者可以通过随书视频光盘和扫描书内二维码两种方式收看视频故事。

- China Close-up is a series of books intended to help international readers understand what modern China is really like. These stories, selected from more than a hundred micro-documentaries, are compiled with different focuses in five volumes. Readers can watch the stories through the video discs contained within the book or by scanning QR codes in the books and watching them online.

责任编辑：刘小琳
英文编辑：吴爱俊
英文审定：郭　辉　James Hutchison
封面设计：王新乐
封面绘图：硕果儿

图书在版编目（CIP）数据

西游记 /（明）吴承恩原著 ；辛平主编；李梓萌，马娴改编. — 北京：华语教学出版社，2017
（中国名著简读系列）
ISBN 978-7-5138-1320-4

Ⅰ. ①西… Ⅱ. ①吴… ②辛… ③李… ④马… Ⅲ. ①汉语—对外汉语教学—语言读物 Ⅳ. ① H195.5

中国版本图书馆CIP数据核字（2016）第 323807 号

西游记

[明]吴承恩　原著
辛平　主编
李梓萌　马娴　改编
吴爱俊　韩芙芸　甄心悦　翻译

＊

© 华语教学出版社有限责任公司
华语教学出版社有限责任公司出版
（中国北京百万庄大街24号 邮政编码100037）
电话: (86)10-68320585, 68997826
传真: (86)10-68997826, 68326333
网址：www.sinolingua.com.cn
电子信箱：hyjx@sinolingua.com.cn
北京虎彩文化传播有限公司印刷
2017 年（32开）第 1 版
2024 年第 1 版第 5 次印刷
（汉英）
ISBN 978-7-5138-1320-4
004900